琉球弧の島人たちの
民俗誌

# 神の島の死生学

須藤義人

沖縄大学地域研究所叢書

芙蓉書房出版

ウドゥンミャー（御殿庭）に集まった島人（ハティグァティ）（久高島）

イノーの海に向かって祈る神女たち（久高島）

太陽の神の祭りであるテーラガーミ
（久高島）

フバワクで御嶽を回る神女
（久高島）

テーラガーミでハンチャタイに
集った男たち（久高島）

久高島で踊られるグルゥイ

ヤマン神の迎えの祭祀
（粟国島）

ヤガン折目の神行事
（粟国島）

沖縄諸島の墓地
（伊是名島）

フンシヤーでの
舟を模した所作
（古宇利島）

プーチヌウガンの拝み（古宇利島）

ユタ的存在の神女（古宇利島）

宮古島のシャーマン

宮古島島尻のパーントゥ

宮古島上野のンナフカ

伊良部島のユークイ

伊良部島のヒダガンニガイ

小浜島の
ダートゥーダ

八重山諸島のミルク神
（竹富島）

池間島のミャークヅツ

古我知焼の厨子甕
（沖縄本島）

平安座島の
サングヮチサニチ

沖縄本島大宜味村塩屋の
ウンジャミ

沖縄本島旧盆のエイサー

沖縄本島南城市佐敷津波古の
ヌーバレー

沖縄本島豊見城の
ガンゴウ祭

# はじめに

二〇一三年八月、沖縄諸島の粟国島に、風に任せて立ち寄った。その島には、「アコウ」の樹に棲む精霊「キジムナー」にまつわる、悲しくも恐ろしい神話が残っていた。

……ある若者が、ウスクの樹に棲む、漁の好きなキジムナーと仲良くなった。キジムナーはヒトデが大好物だったので、いつも若者のタコと取り換えてくれた。だから、若者はいつも大漁だった。

しばらくするとキジムナーは、若者をしょっちゅう海に連れ出したり、家の鍋を借りて煮炊きをしたりすることが多くなった。そのため、若者の妻がキジムナーを嫌うようになった。若者もキジムナーとの関係が面倒になり、ある日、妻と相談してキジムナーの家であるウスクの樹を焼いてしまうことにした。

キジムナーには目の悪い子供が一人いた。しかし、若者と妻は子供と一緒にウスクの樹を燃やしてしまった。途方に暮れたキジムナーは「キャンに行く」とだけ言い残して消えてしまったが、若者にはキャンがどこであるのか知らなかった。

それから何年かが経ち、若者は豚を売るために那覇に出かけた。そのころには粟国島からの山原船《ヤンバルセン》が那覇港にも着くようになっており、偶然、島から来た友人に出会って思い出話に花が咲いた。

友人との話は、キジムナーの思い出、そしてアコウの樹を燃やした話にまで及んだ。ところが、若者は、傍らの樹の上でキジムナーがこの話を聞いているとは知らなかった。樹の上から「お前だったのか。復讐してやる」という声がしたのでびっくりした。

すぐに豚を売り払い、栗国島に戻ったが、すでに妻子とともに家は焼かれていた……

二一世紀に入り、先祖から伝承された神話・民話への想像力は薄れ、木の精霊が森林の破壊を止めていた時代は過去のものとなりつつある。この逸話にある精霊は、自然と人間の関係性を取り持ってきた「象徴」であったが、その存在感は薄れてしまった。今まさに、神の島のコスモロジー（世界観）は揺れ動いている。

筆者は人間の生と死を考える中で、本書のテーマである「神の島の死生学」への関心が高まり、来訪神と祖霊とともに生きてきた島人たちへの意識が芽生えていった。島々をわたり歩き、多くの先達の力もお借りして、島人たちの死生観を描き出そうと試みたのが本書である。

〈神の島〉の死生学❖目次

# 序章　神の島のコスモロジー　琉球弧の海上の道

琉球弧（いわゆる南西諸島）は、群島のつらなりであり、「多島海」とも呼ばれる。飛行機の窓から、雲のあいまに、神の目線となって、その島々を眺めることができる。海を見下ろしながら、海人の壮絶な生きざまを想い、古代人が乗っていた小さな刳舟《くりぶね》が大海原の中で漂っていた姿を想像してしまう。島というのは、大海では孤立した空間である。大海で孤立する島の空間は〈少子・高齢化社会〉が特に進み、私が訪れた久高島、粟国島、古宇利島では新たな共同体のあり方が求められていた。

神話的な眼差しで島々を見守りつづけると、島という点は〈琉球弧のつらなり〉という線となる。さらには、祖先たちが駆けめぐった〈海洋アジア〉につながり、平面へと拡がってくる。〈琉球弧〉から〈海洋アジア〉への海流のつらなりこそが、海に育まれた人びとの原風景を描かせてくれるはずである。

生と死が表裏一体にゆるやかにつらなっているという生命感覚こそが、島々に生きる人々のコスモロジーであった。

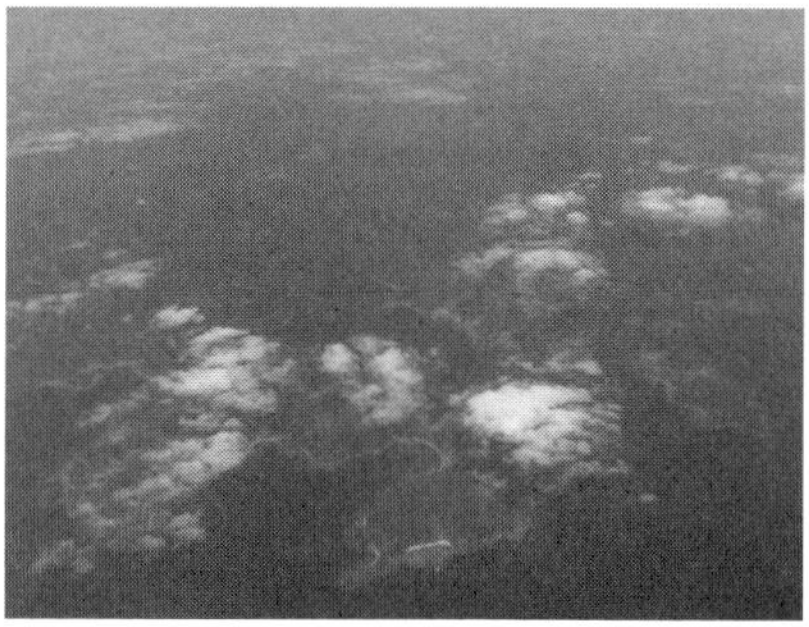

琉球弧の島々の連なり

「光」は、島々に生命を生み出した。

人間を含めた「生命」は、生と死のはざまを、渚で波のようにただよう。

そして「風」は万物を風化させ、生命を死へとつなげていく。

「光」と「生命」と「風」は一体化していき、生命が生まれては死んでゆく時空間をつくり上げる。


日本の源流があるといわれる沖縄……。

沖縄の仮面・仮装神があらわれる祭祀と琉球神話との関わりについて思索することは、「島人の霊魂観や世界観を掘り出す」とともに、「共同体の空間構造、生活誌を探る」ことに他ならない。

「民俗芸能」という言葉を生みだした本田安次氏は、「我々が八重山歌舞に接した最初は、昭和三年四月、…略…その折の強烈な印象は今も忘れることができない。」「……曽れあれほど東京の人たちのゆすぶった八重山歌舞」などと絶賛している（宮良賢貞『八重山芸能と民俗』の序文）。

実際、一九五九年には滝口宏氏を団長とする八重山学術調査団が結成され、本田氏は芸能・信仰分野の調査をすすめ、その成果は『南島採訪記』（一九六二年）にまとめられた。

筆者は多様かつ混沌なる「琉球弧の基層文化」に眼差しをむけ、その表象としての「祭祀」「儀礼」「来訪神」を見て、島々を歩いてきた。その動機は、まず沖縄諸島が地理的に、さらには文化的にアジアの「吹き溜まり」という位置付けにあると思うからである。

アジアの基層文化の一部はコスモロジーを共有しており、また沖縄の基層文化に目を向けることは「海洋アジア」における基層文化を照射することにもなる。その沖縄の祭祀・儀礼から、「海洋アジア」の精神文化との繋がりが見えてくる。「水神信仰と儀礼」、「農耕儀礼と祭祀」、「来訪神と他界信仰」という視点から、久高島、古宇利島、粟国島の精神文化の比較を行ってゆきたい。とりわけ、神話を再現した祭祀をとりあげ、祭祀儀礼や葬送儀礼の中から、琉球弧の自然と人間のかかわりを模した象徴性について触れてゆく。

## 1　海と島の思想

久高島では昔から、男は海人《ウミンチュ》、女は神人《カミンチュ》として生きてきた。そして、月の満ち欠けにもとづいた旧暦に沿って、漁や祭祀が行われてきた。琉球王朝時代以降、「神の島」と呼ばれてきた久高島では、一二年に一度の午《うま》年、神女の継承式であるイザイホーが行われてきたが、一九七八年を最後に途絶えた。イザイホーは途絶えたが、島人の魂は地下水脈のように流れ続けている。

島人たちはサンゴ礁の大地に畑をつくってきた。畑は人々の暮らす集落へとつながっている。島の東海岸には「イノー（礁池）」がひろがっていて、島人たちは潮が引くと漁《イザリ》を行っていた。一方、島の西海岸は崖になっている。崖の下には「カー」と呼ばれる井戸・泉が複数あった。水を汲みに、毎日女性たちが上り下りした階段も残っている。かつては暮らしの一番大切な場所であった。

島の北の突端に聖地とされるカベール岬がある。また島のおよそ中央には、クバの木々で覆われた「フボー御嶽《ウタキ》」がある。いずれも、先祖た

イノーの海に向かって祈る神女たち（久高島）

ちの魂が宿っている場所であった。

スク漁は旧暦六月、七月に行われる。スクとは、アイゴの稚魚のことである。スク漁の時期がやってくると、子どもたちは一緒に海に出て、大人たちの漁を見ながら、スクの追い込み方を習っていく。

旧暦二月、「ウプヌシガナシー」という、健康・航海安全を祈願する祭祀がある。島の聖地を巡って祈っていき、泉・井戸をつなぎ、畑をつなぎ、そして最後は海の神へとつないでいく。二組にわかれて、拝所を回っていき、自然の井戸、ヤグルガーに向かって祈り、島で一番最初にできた畑、ハタスで祈る。最後に、島人たちはイシキ浜で小石を拾い、神人に祈りを込めてもらう。石はその年一年の守り石となり、各家庭に大切に祀られる。そしてまた、石は一年の終わりに、もとの浜へと返されるのである。

島では全ての自然に神が宿り、自然そのものが神として崇められているのだ。祈りと再生、循環と共生のコスモロジーこそが、「海と島の思想」の根本であり、海と島に生きる常民たちの哲学でもある。


沖縄が日本本土に復帰する前の一九六九年、ひとりの民俗学者が四〇代を過ぎて、沖縄に足を運んだ。『青銅の神の足跡』や『南島文学発生論』といった著書で知られる、谷川健一氏である。一人で八重山諸島を歩き回り、帰りに寄ったのが宮古島であった。狩俣《かりまた》という集落で「ウヤガン」と呼ばれる祖神《おやがみ》祭りが行われていた。

「ツカサ」と呼ばれる神に仕える女性たちが、集落の中庭で何時間も神歌を歌っていた。木の葉で作った冠（カウス）をかぶり、白い麻の着物を着て、足元は裸足であった。祭りの前に五回も山ごもりをしていたのであった。歌われる内容は、狩俣の地がどう造られたか…、つまり創世神話であった。

夜中、集落の背後の小高い山〈ウフムイ〉から微かに神歌が聞こえてきているが、その姿を男たちは見てはいけないことになっている。昼間、山の方から、「ウヤガン」（祖神）となった神女たちが降りてくる場面があった。草冠をして森から出てきて、村の礎を築いたムトゥ家の前で延々と神歌を歌っていた。谷川健一氏はそれを見たときの凄まじさに圧倒され、その神秘性に遭遇したのである。

谷川健一氏を案内した写真家の比嘉康雄氏も、「ウヤガン」との遭遇によって、沖縄文化の深層に気づいたのであった。琉球弧の祭祀を撮影するうちに、大きな命題を発見したと感じたという。

比嘉氏が写真を撮りはじめた頃は、祭祀を通して神々とともに生きるという、数百年も続いた世界が崩壊してゆく時代でもあった。打ち寄せる近代化の波にのまれ、久高島では一九七八年を最後に〈イザイホー〉ができなくなった。それぞれの役割を担う神女に後継者がいなくなり、祭祀が成り立たなくなったのだ。

祭りの崩壊は、たんなる行事の消滅ではない。長い時間を生きてきた一つの世界が消滅してゆくことを意味する。四半世紀にわたって久高島に足繁く通い、神女たちと心を通わせた比嘉氏は、はからずもその世界の臨終の立会人となった。

比嘉康雄氏は、自身が祭祀世界に駆り立てられている理由について、こう話している。

「私は、ジャーナリストでもなければ研究者でもない。

私は、人はどうして生きるのか、人が生を受けたことの意味は何か。ただそれだけが知りたくて、ずっと旅を続けてきただけなんです」

谷川健一氏も、神の島々の祭祀に触れて、古代以前の時代に出会ったかのような衝撃を受けた。黒潮に育まれた人びとを通じて、古代以前の世

宮古諸島の神女「ツカサ」（伊良部島）

界、いわば原初の世界が見えてきたという。

谷川氏は「民俗学とは神と人間と自然の交渉の学である」と言い、琉球弧の祭祀との出会いをきっかけに、彼の心は古代や神の世界に向かった。

谷川氏は、海岸でくるぶしまで砂に埋まって、海を眺めながら思想を巡らすのが好きであったという。沖縄の海の色は二重になっている。珊瑚のリーフである「礁《しょう》」が取り巻く手前側は、明るく青い海であり、宮古では「ピシ（干瀬）」と呼ばれる。その向こう側には、紺碧の海が広がっていた。

谷川氏と比嘉氏は、「イノー（岩礁）」の生命圏を前に、小さな森の自然の呼吸や、荒ぶり凪ぎる風を感じたはずである。そして、先人たちの足跡、人々の生と死、育まれる命の息吹、死にゆく命の鼓動、人生儀礼としての祭祀へと想いを繋いでいったのだろう。

「ピシ（干瀬）」は現世であり、その向こうは他界、つまりあの世であると昔は考えられていたのであった。人間の魂が肉体を脱ぎすて、海の彼方へ、原郷のニライカナイへと帰っていく姿を想像すると、「ピシ（干瀬）」の豊かな世界観が把握できる。

二一世紀に入って「ウヤガン」（祖神祭）は、ほぼ消滅してしまった。「ツカサ」になる女性もいなくなりつつある。しかし、たとえ現象は消えてもその中の〈気風〉のようなものは生き続けている。粟国島の「ヤガン折目《ウユミ》」や渡名喜島の「シマノーシ」の神女たちの中にも、その〈気風〉が残っていたのが忘れられない。祭祀における神女とは、まさに神と人間と自然の交渉をする繋ぎ目であったのである。

渡名喜島のシマノーシで祈る神女

## 2　海と森の世界観

琉球弧における独特の文化を記述するには、民俗学の学術用語や地域言語であるシマクトゥバ（島言葉）を使わないと概念を説明しきれないことが多い。島々の共同体においては、祭りや祈りで使われるシマクトゥバも徐々に消えつつあり、共通語で唱えることもある。そのような中でも、池間島・伊良部島および宮古島の西原集落や、あるいは大神島および宮古島の狩俣集落・島尻集落における祭祀には、未だに神聖なパワーが宿っている。「マレビト（来訪神）」への祈りが、今でも神女たちによって捧げられており、森と海、あの世とこの世とを繋ぐ扉となっているとも言える。

しかし近年、神女のなり手が減少し、また森や海の開発によって環境が大きく変わってきた。祭りや祈りの共同体における意義だけでなく、祭りや祈りそのものも形が変容している。そのような中で、それらの本質が継承されることを捉えるために、「マレビト（来訪神）」を通じて〈森（御嶽）とシマ（村落共同体）〉、あるいは〈海（他界）と森（御嶽）〉が結ばれる「場」を記述することは重要であろう。本書では、海と森の世界観を軸に、琉球弧の島々の民俗誌を描き出していこうと思う。

まずは、沖縄本島の南東にある久高島に目を向けてみたい。周囲八キロ、人口約二〇〇人が暮らす小さな島である。島の東海岸に広がるのが「イノー（礁池）」であり、内海と外海が接するところである。昔から島の人たちは、珊瑚礁に囲まれた「イノー」の中で、豊富な魚介類を獲って暮らしてきた。

初夏の頃、島の小中学校では島人総出で追い込み漁体験を行っている。大人たちの指導のもと、魚の群れを仕掛けた網へ追い込んでゆく。この追い込み漁は東南アジアから南太平洋一帯にわたって、昔から行われてきた漁法であった。

植物も人も、あらゆる種は海からやってきた。久高島の北部には古代人の貝塚と住居跡がある。人々はまず、海のそばで暮らし始めたのであった。貝塚のそばには、木々の中にひっそりと先人たちが暮らした跡が見られ、その森は聖域として祀られていた。井戸の跡もあり、先人たちは、木を組んでクバ（ビロウ）の葉を葺いて家をつくり、雨風から身を守って暮らしていたことがうかがえた。

神女の祭祀であるイザイホーの時に使われた仮小屋は「七つ屋」と呼ばれていて、その古い形の棲み家の様式に見られるように、島々の風土にあった住居建築を生み出した。風が通り、海が見え、開放的な作りになっている家屋である。親子で水浴びをする夏の風景は、かつては琉球弧のどこにでもあった風景だったかもしれない。子どもたちは遊び回り、森の妖精・キジムナーを想像しながら遊んでいたであろう。自然の中で人々が行き交う、琉球弧の原風景があった。

ところで、島人たちは森と海に如何に関わり、どのように霊性（スピリチュアリティ）に基づいて日々の営みをおこなってきたのであろうか。琉球弧の島々における「コモンズ」（公共資源の管理システム）の諸相を見ていくには、自然と人の関わりを捉える「生態智」という概念が手掛かりとなろう。

例えば、久高島では北側は神の領域とされて、集落が南端のわずかな部分に集中して、聖俗の境界線が強く意識されている。だからこそ、島の土地は「総有制」と言って、すべて共有地であり、個人の持ち物ではなく、神様からの預かりものとされ、売り買いが出来ない。そして、この島は琉球の祖神アマミキヨが初めて降り立った場所、五穀が初めてもたらされた場所とされ、数多くの神話が祭りの中で伝えられている。

土地を開発するにしても、字《あざ》会議と神人《カミンチュ》の了解が必要で、神行事との関係で開発できない場所がある。

国内では特異な土地制度が残っているおかげで、豊かな自然が残されている。かつて琉球王朝は、離島の島々での土地の個人所有を禁じており、年ごとによって耕作地を割り当てる制度（地割制）を設けていた。沖縄本島の西にある渡名喜島でも、「ユシー」という地割制に似た独特の土地制度があった。久高島では、かつてより畑の間隔を開けて石を並べることで、境界線を示していた。最終的に琉球弧の島々で地割制が廃止されたのは一八九九年から一九〇三年のことである。しかし久高島では、二一世紀になった今も地割制が残っている。

農業と密接に関わる農耕暦は、集落の祭祀と切り離せない歴史をもっている。そして土地制度は農耕暦と人とを結びつけ、一九五五年頃までは山原《やんばる》の山々の六合、七合あたりまでは耕作地であった。ところが一九六〇年前後から稲作が衰退すると同時に、農耕に関わる祭祀は形骸化していったのである。大旱魃《だいかんばつ》もあって水田は畑に切り替わっていき、畑でのサトウキビ栽培の普及によって製糖工場が設置されていった。

稲作が消えたことで、農耕暦は現代の若者には馴染みのないものになりつつある。農耕暦、すなわち旧暦は生活の場から離れつつあるが、辛うじて祭祀の場で受け継がれているのも事実である。現在も行われている村踊り《ムラウドゥイ》もかつての祭祀の一環として行われていたが、豊年祭などが休日に合わせて行われることが多くなった。本来の目的が忘れ去られようとしている。

しかし久高島では現在でも、「久高島土地憲章」（久高島土地利用管理規則は本書の終章の末尾に掲載）に基づいて、土地の管理・運営を行っている。島の先人たちは、土地の個人所有をしない「総有性」を営みの中に

久高島の地割制の長細い畑

取り込んでいった。そう考えると、久高島こそが現代において「霊性のコモンズ」の最も進んだ島かも知れない。一九二一年に久高島を訪れた折口信夫氏（歌人名・釈超空）が「目を閉じて時と所を忘るれば神代に近き聲ぞ聞こゆる」と詠んだが、その島の風土からは神世の残照が感じられたのであろう。

久高島の人々の祖先は、黒潮に育まれた人びとであった。黒潮に育まれた島人たちは、海人や神人として生き、島々をつなぎ、黒潮に育まれた祭祀や芸能を残してきたのである。こうした足跡を探ると、海と森をつなぐ〈生態智〉こそが、私たちの意識に「原点回帰」の大切さを教えてくれ、現代の人々の生き方や死に方に関するヒントを提示してくれると直感した。海流と季節風に生きる海の民は、琉球弧の島々とつらなる生活圏を持っていた。そこに生きる人びとは自然の生成する生命《いのち》を捉えようとし、神々や祖霊を大切に想ってきたのである。

古宇利島《こうりじま》でも、「イノー」が重要な場所となっていた。島の北部では島人たちが「イノー」で漁《イザリ》を行い、海藻や貝を拾っている風景からは「海の畑」の恩恵を感じる。この島は沖縄本島につながる屋我地島の北に位置し、今帰仁村に属する。島の周囲は八キロメートル、人口は約三六〇名、一七〇世帯あまりが住む島である。

古宇利島の島人たちは、タコ（タクー・タフー）を〈多幸〉や〈多果報〉の象徴であると解釈している。それ故に「ユーニゲー」という祭祀のとき、茹でたタコを吊るし、「ユガフー（世果報）」を祈り、「タクー（多幸）」を導くといった言葉掛けをする神事を行っている。かつては、ノロ（祝女）の家「ヌルヤー」にタコが運ばれ、ウガン（御願）で神々に捧げられた。その後でタコが平等に配分され、島人たちに自然の恵みとして配られていたという。

島の人々が神と崇める「自然」の在りようと、生活の根底にある気風は、〈生態智〉という概念に集約できる。それは、宗教哲学者の鎌田東二氏が提唱した概念であり、「自然への畏怖・畏敬の念に基づく、自然と人工との持続可能な創造的バランス維持技術・思想・システム」であると捉えている。こういった概念は、琉球弧の島々の公共資源を生かすヒントとなろう。また〈生態智〉は〈霊性のコモンズ〉とも言い換えられよう。

かつて沖縄諸島では、「自然に対して敬意を払う」という〈生態智〉の一例として、旧暦四月から五月にかけて「山留《ヤマドーミ》」という行事があった。植物の生育期間のために、野良仕事や山仕事を禁忌したといい、聖地保全と自然保護の意味合いもあったという。いま、沖縄本島にある南城市では、世界遺産となった「斎場御嶽《セーファーウタキ》」において、観光客の環境破壊から聖域を守るために「山留」を復活させる動きもある。

古宇利島のユーニゲー

このように「霊性」（スピリチュアリティ）を重んじてきたことが、これからの琉球弧における「コモンズ」（公共資源の管理システム）にいかなるヴィジョンを与えるのであろうか。「祭りのある村には未来がある」と言われるが、それは祭りが生態学的循環の結節点として伝承されてきたことによるからであろう。久高島、古宇利島、粟国島の民俗誌を軸に〈神の島の死生学〉を主題として〈生態智〉を描き出していきたい。

# 第一章　琉球弧の祭祀・儀礼



琉球弧の島人《シマンチュ》たちは、自然の神々に対する感謝と畏怖から、祭祀・儀礼を奉納してきた。森羅万象を象徴する「目に見えない神」を時空間に見える形で再現することで、祖先からの記憶や意識を継承してきたとも言えよう。また、琉球弧には森にある聖域が多く存在する。その聖域は「御嶽《ウタキ》」と呼ばれ、祭祀における祈りの場である一方、日常の祈りの場でもあった。「真正」(authentic) な祭祀は減少しつつあるが、変わりながらも維持されていく祈りの場には、新しい風景が立ち現れてくる。

作物の稔りをある程度まで人間の力で管理することができるようになった現代においても、農耕に関する祭祀・儀礼には、その島々で生きてきた先祖の叡智が凝縮されている。祭祀は、生活の変化とともに、ひとつひとつの役割が微妙に変化していき、簡略化されてきた。しかしそれぞれの年代に必要な役割がきちんと存在することで、そこで生きることの確かさを持つことができる。島々で使われている言葉や歌、祭りの中での所作や儀礼によって、島人の皆が繋がり、神々や祖霊といった不可視な存在を感じられる時空間が演出される。それは場合によっては、旧盆や葬送儀礼の中での「死者との繋がり」を維持する機能もあった。

## 1　マレビト芸能の発生

沖縄では祭りと儀礼において、人が来訪神（マレビト）に扮して、安寧や幸福をもたらす役をする。海の彼方の異界から、季節ごとに訪れて幸いをもたらす来訪神を迎え、歓ばせ、送り出すために、その神々に奉じる舞踊は民俗芸能の原型であった。

その神々の中でも、福々しい表情で、大きな耳をした「弥勒《ミルク》神」は特に異彩を放っている。弥勒《ミルク》は黄色の着物を着け、右手に大きな団扇を持ち、左手には杖を突いて、ゆっくりと練り歩く。「弥勒節《ミルクブシ》」の歌詞にある「大国ぬミルク　ばが島にいもち」（大国のミルク様が我が島にいらっしゃった）の「大国」は、安南泰国（ベトナム付近）を指すという。仮面は、一八世紀に安南から登野城へと伝播したのが起源であると云われている。

八重山諸島には、神事・奉納芸能が一体となった祭りが多く、新しい命をつくることを願い、五穀の種子をまく儀礼をともなう。〈アニミズム〉的な信仰によって、あらゆる事物には脈々と受け継がれる〈霊魂〉が存在するといった考え方があった。

来訪神は、海の彼方の他界「ニライカナイ」から豊年を運んで来る神様と位置づけられている。豊年のことを「ミルクユガフー」（弥勒世界報）というが、弥勒が現世に五穀豊穣・子孫繁栄をもたらすという世界観に基づいている。弥勒《ミルク》信仰は、ニライカナイ信仰と習合して、海の彼方の楽土から「世《ユー》」（豊作・富

沖縄諸島のミルク神（竹富島）

貴)」を運んで来る神を崇めるものとなり、特に八重山諸島や宮古諸島での信仰は厚い。

民俗学者の谷川健一氏が「民俗学とは神と人間と自然の交渉の学である」と言っていることは先にも触れた。谷川氏は自然と人間がどう関わっているのか、その原点回帰の場所が宮古島にはあると語っていた。確かに宮古島を訪れると神々を感じられ、そこで島の神語りや「ユークイ」や「ウヤガン」という祭祀を見守ることから見えてくるものがある。「宮古島の神と森を考える会」(谷川氏が結成した研究会)という集いもあって、西原《ニシベ》集落の「ユークイ」の継承について真剣な議論もなされていた。自然と人間の関わりが神話と信仰を生み、生きるようすがとしての物語となって伝えられている。こういった物語を先祖からの魂として如何に伝えていくか…という気概が感じられた。

宮古島のユークイで祈る神女

久高島では、祭りが今も残っているが、すべからく形が崩れていく兆候があった。その一方で、宮古島の西原では久高島よりも色濃く、神秘性や原初的なものが受け継がれていた。その継承の核は何かというと、女性たちが潔斎して、「森の御嶽」に籠り続けるという行為が残っていることである。むろん、夜通しで籠る行為の在る無しが継承力の強さを表しているわけではないが、神に歌を捧げつづけ、「ヨーンテル　ヨーンテル(いよいよ満ちろ　いよいよ満ちろ)」と御嶽から御嶽を巡っていく姿には圧倒された。「豊穣であれ」という祈願を集落内の磁場にじわじわと染みこませていく姿に、形式ではない気魂といったものが伝わってくるのである。

西原の神女「ツカサ(司)」たちは、五〇以上の神行事を、母親や主婦をやりながら役割を果たしてきた。現在では、その負担が大きくなり、

「ツカサ」を担える人材が少なくなっている。二〇一〇年に五人いた神女が翌年には三人も卒業してしまった。そうした状況は久高島でも同様で、二一世紀に入ってから琉球弧の島々の至るところに見られる傾向である。

宮古島よりさらに南方にある八重山諸島の旧盆では「アンガマ」という仮面祭祀が行われ、「グソー（後生）」の物語が鮮やかに生き生きと語られていた。「アンガマ」は、あの世から時を定めてやって来る祖霊の化身であると言われている。八重山では、来訪神儀礼の際には、異界から来た者をもてなし、御嶽や仏壇の前で舞踊を奉納して回る。「ウシュマイ」と「ンミー」と呼ばれる翁と嫗の仮面をかぶり、クバの扇をあおぎながら、甲高い声で島人たちに話しかける。その「ウシュマイ」と「ンミー」は、あの世のイメージを凝縮した存在であり、来訪する祖先の霊体として顕われる。ユーモアを交えながら、この世に生きている人たちと死者たちが重なっていき、旧盆の記憶が祭祀の中で立ち現れていく。

石垣島のアンガマ（登野城）

夕暮れになると「ウシュマイ」と「ンミー」が、花笠を被り手拭で顔を覆った「子孫（ファーマー）」を数十名を引き連れ、家々を訪れ、ぞろぞろと上がりこみ、演奏に合わせて舞い始める。「ウシュマイ」は舞いの合間に、人々に彼の世の物語を語って聞かせる。他界にまつわる物語を共有する〈マレビト〉、すなわち客人という位置づけである。祖先を歓迎してもてなす行事なので、「アンガマ」にはめでたい内容の問答が多くみられる。問答はこの世の者との対話という形でなされ、盆やそれに関係する事や由来のほかにも「今日はどうやってこの世へ来たのか？」、「あの世へ行く時の心得は？」等のユーモラスなものもある。

『南島祭祀歌謡の研究』を著した波照間永吉氏によれば、「アンガマ」で行われる問答には、巧みな言語表現による偶発的な笑いが組み込まれているという。それは完全な即興ではなく、一定の枠付けがなされており、「後生（グソー）の文物に関する問答」、「八重山の葬送習俗・法事及び葬具に関する問答」、「盆行事に関わる書事物の由来の問答」、「アンガマ及び翁・嫗に関する問答」で構成される。

「アンガマ」という行事は、祖先崇拝や親孝行を強調し、世人を教え導き、同時に行事そのものが説話や昔話などを伝承する機会となっている。「他界」にまつわる物語を共有することにより、祖先を敬う気持ちが生まれると同時に、死は完全なる消滅ではなく、自分より先に死んだ者と再会できる…という〈他界の物語〉が島人の間で共有されるのである。

では、こういった来訪神や祖霊の行事はどこからきたのだろうか。

八重山諸島では「アンガマ」の他にも仮面祭祀が多く残っている。その他の例が「ミルク神」であるが、先に述べたように「ミルクガナシー」は弥勒菩薩に由来するとされる。ミルク神は祭祀行列の先導役であり、海の彼方の「ニライカナイ」から豊穣を連れてくる…と信じられている。村を廻る行列《ジョウリキイ》は、先頭に旗頭、弥勒、棒術、踊りの順で練り歩き、島人たちに「世果報《ユガフー》」を振りまく。深紅の衣装を身に着けた少女達を伴って、ミルクはゆるりゆるりと御嶽の庭に入ってくる。大乗仏教でいう弥勒菩薩は五穀と関わりをもつ存在ではないが、八重山ではミルク神は他界から豊穣をもたらす存在とされ、島人が総出で迎える。

このように、「アンガマ」や「ミルク」は祭祀の際に帰ってくる祖霊や神が、目に「見える神」として顕現する事例である。花笠をかぶったり、覆面をしたり、棒をもつ人々は祖霊とともに異界（あの世）から訪れた「見えない神」を演じていると捉えられよう。

〈見えない神〉は久高島にも出現し、仮面は被らないものの、赤と青の衣をきた神女たちに乗り移って顕われる。神々は「ハンジャナシー」と呼ばれ、目に見えない神として、島に降り立つのである。また神人の入団儀礼である〈イザイホー〉の際にカベール岬から来るとされる白い馬に乗った神は、目に見える形では表現しない。祭りに際して訪れる「目に見える神」と「目に見えない神」は、複雑に交差しているのである。

〈マレビト〉（来訪神）に関する祭りは、島外から来た神々や他界の祖霊をもてなすためにある。他界から来た「目に見えない神」は仮面をかぶることによって霊力を顕現させる。ところが久高島では、仮面をかぶった芸能を見たことがない。「目に見えない神」を神人たちが迎え入れ、他界から来たマレビトへの畏敬を持ちつつ、「見える神」と同じように祭祀でもてなされる。

仮面をかぶった神が、祭祀で大役を果たす事例は多くある。「目に見える形」での神として、沖縄本島で出現する仮面神の祭りは、那覇市首里赤田の祭祀「ミルクウンケー」や南城市大里の豊年祭「ミーミーンメー」が知られている。伝承をたどると石垣島の登野城にミルク仮面のルーツがある。その仮面と祭祀は安南（ベトナム）から来たと言われる。一七九一年に首里の役人が中国に行こうとして流されて安南に辿りつき、仮面と行事を持ち帰ったという。まず八重山でミルクの仮面を伝え、それから首里を経て沖縄本島の各地に広まったと言われている。

では、ベトナムでは如何にして弥勒《ミルク》の仮面が生まれたのであろうか。弥勒の仮面がベトナムの祭祀で用いられるのが「テト」（旧正月）と「中秋節」においてであるという。

ベトナムでは旧暦一月一日のテトと旧暦八月一五日の中秋節（Ram Trung thu）に、弥勒神が龍踊りや獅子舞の中で現れる。また、旧暦一〇月一〇日に登場する弥勒神に似た仮面神は土地の神・福の神であり

小浜島のミルク神

ベトナムの仮面Ongdia（オンディア）

石垣島のミルク仮面（左）
ハノイのDilac（ジーラァ）の仮面（右）

「Di lac（ジーラァ）」もしくは「Ong bo lo（オンボアロー）」と呼ばれており、龍踊りに登場する仮面神は財の神であり「Ong dia（オンディア）」もしくは「Han bon（ハンボン）」と言われている。

弥勒菩薩を中国・雲南省南部では「Mi-la（ミィーラ）」、福建省では「Mila（ミィラ）」と呼んでおり、漢語から派生したとされるベトナム語「Di lac（ジーラァ）」と発音が近い。雲南省の南部では「Mi-la（ミィーラ）」、沖縄とつながりがある福建省では「Mila（ミィラ）」であって、ミィラとジーラァの発音は似ている。ベトナムは中国と接し、いつも中国と国境でせめぎ合っていて、その中で、中国文化を取り入れてきた影響もあろう。ベトナム（安南）の弥勒神「Di lac（ジーラァ）」は、中国福建省の「Mila（ミィラ）」の影響を受けていて、沖縄のミルク神と類似している…という推測ができよう。ベトナム北部の弥勒は、福の神、土地の神、財の神としての神格と重ね合わされ、仏像や置物として偶像化され崇められている。

このように、神々や祖霊の信仰も海でつながってきた。かつお節、燻製の技術も、黒潮の流れを通じて渡ってきただけでなく、他界信仰や神や祖霊まで海を渡ってきたのである。琉球弧の島々の根底にある世界観、宗教観は、神道や道教、大乗仏教といった歴史のある既存宗教の要素を日常信仰の中に取り入れ、〈アニミズム（自然崇拝）〉と〈祖先崇拝〉の二つと融合して、土着の祭祀に組み込まれていったと考えられる。

## 2　アニミズム・竜宮信仰

沖縄の祭祀の核になるのは御嶽《ウタキ》信仰といってよい。御嶽は奄美・沖縄の各地に遍在し、沖縄本島では「ウタキ」「ウガン」、八重山では「オン」「ワー」と呼ばれている。村を守護し、祝福する神はこの地に鎮座する。御嶽の発祥には様々な由来説話がある。例えば、小浜島の嘉保根御嶽《カブニワン》は、税としての上納品を首里に運ぶ兄のために、妹が航海安全を祈願し願いが叶ったことから、「ウナイ神」を祀って建てられた。島人《シマンチュ》は今も、竜宮の神を祀り、航海安全の祈願も行っている。

御嶽信仰の形態をみると、人間の原初的な思考である〈アニミズム〉の上に成り立っていると捉えられる。この〈アニミズム〉という言葉は、Ｅ・Ｂ・タイラーの『原始文化』（一八七一年）を参照したい。タイラーの学説によれば、アニミズム信仰とは、生きている人間には「生霊」、死んだ人間には「死霊」、そして草木や石などの様々な物にまで霊的存在があると考え、信仰の対象としてそれらに対して儀礼を行ってきたとしている。

その中でも、沖縄本島と橋でつながる平安座島の旧暦三月三日の「サングヮチサニチ」という行事は、〈アニミズム〉と結びついた儀礼であると考えられる。この日は女の節句とも言われ、女性が海辺に潮干狩りに行く日とされている。小さな女の子のいる家ではメリケン粉で菓子をつくり、重箱に料理、菓子などを詰めて盛付けをした。その供え物を床の間に供えて置いて、旧暦三月五日には、お重ひらきとして床間より下げ、家中で祝うのが習わしであったのである。

これは、火の神に菓子を供え、一族の健康を祈願することに意義があると考え、さらに、祖先の霊前に節句に合わせて菓子を供えて祀ることで、先祖に女性の健康を祈ったのである。浜下りの由来譚は、沖縄の人々に広く知られており、多少内容的に異なる箇所もあるが、アカマター（蛇）が娘を穢し、それを祓ったという説話が主流である。

……ある家の娘の寝所に、夜な夜な美男の若者がおとずれて来た。その娘は眠気がして寝てしまい、昼になると仕事もせずだらだらとしていた。そんな姿を見て両親は心配して問いただした。毎夜に若者が来ると眠気がして、後は何も分らなくなってしまい、昼はだるくて何も出来ないと言う。

両親は心配して、隣りに住む物知りの老婆に、その事を相談した。

老婆はこのように言った。

「それは、きっとアカマターの化身であるから、まず来る時刻の前に針に長い糸を通しておき、若者が来たらその者の着物の裾に針を突き刺しなさい。そして、その糸をたよりに後をつけて行って見る様に」

娘にその事を充分に言い聞かせて、時刻になると両親は、娘の隣りの部屋で様子を伺っていた。やがて夜中になると、どこからともなく若者が娘の部屋に入って来た。娘は言い付かった通り、若者の着物の裾に針を突き刺した。

いつも通り、若者は帰って行った。それを見た両親が、若者に刺さった針の糸をたどって行くと、岩穴の入口のところに繋がっていた。糸はその穴にはいっているので、穴をのぞいた。何やら人の話

平安座島のサングヮチサニチ

し声が聞こえる。耳をすませて聞いていると、若者が誰かと話している様である。その話のうちで、若者が「わたしの子供が娘の胎内に宿しているが、もしその娘が海辺に行って白砂を踏むようなことでもあると、自分の子であるアカマターの子が、たちまちにして全部流れてしまう」と話し合っているのを聞いた。

両親は大変驚き、夜が明けると早速、娘を浜辺に連れて行き、白砂の上を歩ませた。すると娘の胎内のアカマターの子が、ぞろぞろと砂浜に滑り落ちてきた。

両親は安心し、そして娘はその穢れから救われた。その日が三月三日であった……

このような伝承から、旧暦の三月三日に女性は海辺へ行き、潮に浸かって砂浜を踏み、身を清める習慣ができたという。海辺の砂は清浄なものであり、穢れをおとす霊力があるという信仰があり、祭りの会場には砂を敷いたりする慣わしもあった。今でも家族で潮干狩りに行き、海辺で家族連れで弁当を広げることを慣習とする門中（一族）もいる。かつては、当日になると女性は針仕事を忌み、アカマターに刺さった針の伝説と同じ行為を遠ざけようとしていた。

このような「ハマウリ（浜下り）」は、沖縄本島の各市町村においても行われていることが村史（誌）に見受けられる。例えば粟国島では、「幼児のチューキと浜下り」と「ハマラー（虫祓）」と「牛、馬、山羊の浜下り」をまとめて、「ハマウリ（浜下り）」と呼び、三つの儀礼行事が一日で行われていたとの記述もある。旧暦三月三日は女性の節句として、この日は女子の遊びの日として「浜下り」を行い、「ウジューー」（重箱）にご馳走を詰めて携え、浜に出て潮干狩りなどをして遊ぶのである。

沖縄本島の近海にある座間味島では、「ハマウリ」を「サングヮチャー」と呼び、浜の砂を踏み、身を清め、潮干狩りを楽しむ。「サングヮチャー」も女性の遊びで、浜に出て遊び、アカマター伝説にまつわる禊を行う。戦前の那覇では〈流れ舟〉といって、女性が船を借り入れて船遊びをしていたという。座間味島で、清明祭《シーミー》と同じ時期に古くから伝わる〈流れ船〉の行事は、潮干狩りが済んだ後に、遊漁船など約三〇隻が大漁旗をいっぱいに掲げ、安慶名敷島から座間味港に向けて勇壮なパレードを披露する。この島で清明祭と浜下り行事が同時に行われるようになったのは、明治末期のことであり、初代村長の松田和三朗氏の時代であると言われる。生活改善と経済的発展を願って、拝所では、竜宮の神の前で神女たちが祝詞を歌い、カチャーシーを踊り航海と家内安全を祈願していた。

どの地域の「ハマウリ」の起源も、昔、美女が美青年に化けたアカマターの種を宿したことでは共通している。いずれにしても、旧暦の三月三日に女性が浜に下りて潮水にひたって穢れを払う行事として「ハマウリ」を行うことが広く定着していったのである。

沖縄本島の各地では、竜宮神を祀る海神祭が行われている。樋口淳氏の「謝名城村採訪ノート」をもとに、海神祭と竜宮信仰について述べていきたい。海神祭は、沖縄本島北部の国頭の村々で、旧暦の盆明けの初の亥の日に祝われる。海の神を「ウンガミ」または、「ウンジャミ」と呼んでいる。この日には、国頭《くにがみ》の人たちが信ずる神々の住処、ニライカナイから訪れる神を招く。祭りを主宰する神人が集い、海の神である竜宮神や山の神の御嶽の神に、豊年と子孫繁栄、悪疫の退散を祈願する。

祭りが現在のように簡略化される以前には、集落の「祝女殿地《ヌルドゥンチ》」で「ウタカビ」が行われていた。これは「祝女殿地」に祀られた火ヌ神《ヒヌカン》を通して、ニライの神、山の神、御嶽の神などに祭りの報告を行う儀礼で

大宜味村塩屋のウンジャミ

ある。かつては祭りの後に祝いの酒をくみかわし、めでたい祝いの歌を唄って、夜通し神アサギ（神が降りてくる祠《ほこら》）の中で祝い明かしたと云われている。

大宜味村の謝名城《じゃなぐしく》のウムイ（神歌）は、次のように歌われている。

「ニレーから上がりてイもち
遊（あし）びならてィ　踊（うどゥ）いならてィ
かたすべく島や　遊びたらじ　踊いたらじ」
（ニラヤから上がってこられて、遊びを習って、踊りを習って。
辺鄙《へんぴ》な島では、遊ばれない、踊れない。遊び足りない、踊り足りない）

昭和初期（一九二九年前後）に刊行された島袋源七氏の『山原《やんばる》の土俗』には、謝名城から少し離れた辺土《へど》集落の「ウタカビ」の記録がある。島袋氏によれば、辺土の神人は、祭りの三日前から水祓いして身を清め、集落の創建にかかわる根屋（本家・ウフムトゥ）にこもり、火ヌ神に祭りの報告を行っていたという。この間、村の人々は夜間の外出を禁じられ、「もし外出中に神人に行き逢うと、神の祟りで早世する」と言われていた。

こうして迎えた祭りの朝、かつての神人たちは、大宜味崎の浜まで出向いて、「見えない神」であるニライの神をお迎えして、城《グスク》のアサギ（神の祠）まで上ったという。これを「朝ウイミ」といった。

神人が、浜で迎えに立っても、もちろん神は目に見えるかたちで現れることはない。しかし、彼女たちは「見えない神」が見えるかのように接し、駕籠に乗せ、祭りの場まで誘うのである。

もはや「朝ウイミ」をしなくなった一九八〇年代の神人たちは、「祝女殿地《ヌルドゥンチ》」で祈りを捧げて、ウムイ

（神歌）を唄いながら御嶽に上っていたという。火ヌ神に加護を願い、アサギ内部の「タムトゥ（座）」につく。神人たちは、神酒を酌み交わし、集まった集落の人々は、神人から盃を受ける。そして、いよいよ神遊びが始まる。この神遊びは、一言でいえば、祭りの庭に迎えられた海の神である「竜宮神」と山の神がいる「御嶽の神」との交歓と祝福の儀礼であった。

御嶽に対して正面に設けられた座に祝女を迎え、祭りの遊びを司る「遊び神」と呼ばれる神人が、儀式を執り行った。白衣をつけ、ヤブランの葉で作ったハーブイという被り物をつけ、弓矢をもって「ウンクーイ、ウンクーイ」と唱えながら弓遊びをしていたという。

ウンクーイは「乞い祈る」の意味で、遊び神はこの所作によって、「ユガフー（世果報）」という〈豊かな恵み〉を乞い祈っている。弓遊びが済むと、神人は白衣から色物に着替えて、今度は、手をつないで輪になり、「ウンクーイ、ウンクーイ」と唱えながら、祭りの庭を七回まわる。仲松弥秀氏によれば、かつては、海の神を演じる神人が青または薄黄の衣装をつけ、山の神を演じる神人が白衣をつけたという。島袋源七氏によれば、祝女と若祝女と海の神の守り神である「坐タムトゥ神」は四名であって、いずれも祭りの前日に喜如嘉《きじょか》の根屋において「ウングマイ（お籠り）」をして過ごしたという。これに対して、芸能を演ずる遊び神は、山の神とも呼ばれ、村の根神《ニーガン》を中心とした土地の神であるという。

以上をまとめれば、山の神と海の神に対する礼拝、山の神による祝福、山の神と海の神の交歓と祝福、海の神の踊り（漁の所作）、双方の土産の交換と祝福、山の神の踊り（猪退治の所作）という流れが見えてくる。「ウナー」（遊び庭）における神遊びでは、祝女《ノロ》を中心とした「坐タムトゥ」の神人たちが来訪神として共同体を訪れる神を演じ、根神を中心とした遊び神の神人たちが、訪れた神を招き入れ歓待する土地の神を演じていたのではないかと推測される。

祝女《ノロ》制度が長らく続いた久高島にも数多くの神々がいた。久高島の人々は、ウタキには常に祖先神がいて島を守り、カベールムイには竜宮神がいて海の幸をもたらすと信じていた。また、東方の海の彼方、久高島の人々の死後の世界であるニライカナイからは、神が定期的に島を訪れ、祓い清めてくれる。天には太陽と月の神がおり、常に島人のしあわせをもたらしてくれると信じていたのである。

## 3　農耕儀礼

琉球弧には、農耕儀礼が多く残っている。例えば、八重山諸島の小浜島の結願祭《キチガン》が挙げられる。この祭りは、一年の願いの結びを神に感謝し、この一年でかけられた願掛けを解くためのものであった。この祭りのトリを務めるのは「弥勒神《ミルクガミ》」で、小浜島では「メーラク」とも呼ばれ、嘉保根御嶽《カフネオン》の仮設舞台で演じる演者全員を率いて、幕開けを行う。

また竹富島の「種子取祭《タナドゥイ》」は、農耕儀礼として六〇〇年ともいわれる長い歴史を誇っている。狂言や舞踊の奉納芸能が世持御嶽《ユームチオン》で繰り広げられる。旧暦の一〇月の「初巳《はつみ》」の頃に行われ、祝い種子取、馬乗者、世乞い、鬼捕り、祝種子取祭、腕棒《ウディボウ》、弥勒踊り、ガーリー、狂言、組踊などが行われる。その中にフェーヌシマ（南島から伝わったとされる芸能）である「サングルロ」が演じられる。踊り手の衣装も特異で、芭蕉の糸で顔を覆い、黒頭巾を頭に被って踊る。この踊りの最後は、四人の踊り手が転がりながら幕内へと入ってゆく。その様子を、俵を転がしている様子と重ね合わせ、〈転がること〉を意味した〈グルロ〉の名前がついたとも言われている。もしくは、三石俵の言葉「サングクダーラ」が訛ったことに由来しているとも考えられている。

戦前は男たちが演じていたが、中断して、戦後一九七〇年に復活した時に、女たちが演じるようになった。写真家の比嘉康雄氏は、〈女は神を宿し、男は神に扮する〉と言ったが、まさに「サングルロ」の元々のかたちは、〈男が神に扮する〉ことで成り立っていた。

祭りは三日間続くが、最終日には各戸から酒、米、肴などを持ち寄り、神女が御願をする。それが済むと、全員が「アヨウ（祈願歌）」を歌い、各人に酒が献じられる。農耕儀礼として五穀豊穣を願う祭りは、奉納芸能の成功を祈る「トゥルッキ」から始まる。期間中、畑を持つ家庭では種をまき、神司《カンツカサ》が世持御嶽《ユームチオン》などで豊作を祈願した。七日夜は各家の豊作を願う「世乞（ユークイ）」も行われ、神司らが道中で歌う「道唄」が翌日の早朝まで続いた。

八重山諸島の石垣市川平の種子取祭は、稲の種を運ぶ行事で旧暦一二月に行われている。神司が日を選定して行う稲作行事のひとつであり、この日、島人は稲の種子を苗代として播いていた。作物の種子を播くことで、発芽、生育を祈願し、芸能を奉納する儀式を執り行い、種降ろしの祈りがささげられるのである。クバ笠、ミノを着けた神様に扮した男性が各戸を回り、世果報《ユガフ》（平和、豊年）を配った。

竹富島の種取祭（世持御嶽）

沖縄本島に眼を向ければ、沖縄本島の島尻（南部地域）にも農耕儀礼が多数残っている。この地域には琉球巡礼の道「東御廻り《あがりうまーい》」にゆかりの深い聖地が数多くある。清らかな自然環境にめぐまれた南城市では、古琉球から受け継がれてきた御嶽《ウタキ》や城《グスク》が、今も信仰の場所となっている。また、その風土に根づいた精神文化の結晶として、豊かな祭りや芸能が伝承されている。

南城市は、ニライカナイからアマミキョが降り立った伝説の地でもある。祖神アマミキョ、シネリキョが海の彼方から来て豊穣をもたらしたという開闢《かいびゃく》神話が、村々の祭祀という形になっていた。祭祀や芸能、儀礼を通じて、御嶽《ウタキ》と人々のかかわりが保たれてきたのである。しかし近年、祭祀・儀礼の担い手も減り、祭りや芸能が消滅する危機にある。

農耕儀礼の「親田御願《ウェーダーウガン》」は、玉城《たまぐすく》・仲村渠《なかんだかり》の祭りで、旧暦の「初午《はつうま》」の日に行われる。その由来は、玉城・仲村渠に伝わる伝説によると、琉球の人々が稲という穀物を知らない昔にまで遡る。

仲村渠《なかんだかり》の祖先である「天美津《アマミツ》」が、琉球から中国へ、使者として遣わされた。開闢神話のアマミキョとは別人とされる。「天美津」は稲を持ち出そうとしたが、中国では持ち出しが禁止されたために、果たせなかった。その後、「伊波按司《いはあじ》」という人が、中国へ使者として遣わされた時に、鶴をもらい受け、琉球に戻った。その鶴を飼いならして、中国に飛ばし、稲を持ち出すのに成功した。その鶴が、嵐にあい落下したところが、「メーヂ」であると言われている。

「メーヂ」で芽を出した稲は、水の豊富な「受水走水《ウキンジュハインジュ》」の近くの田んぼ、「ミフーダ」に移された。伊波按司が鶴を探させるために、仮小屋を建てて住まわった所が、百名の東にある「伊波ガー」の近くであると言われている。井戸の名は伊波按司の名前にちなんでいるとされ、その一帯は「イハガー原《バル》」と呼ばれている。

「親田御願」は戦後になって、田植えの儀式や「クェーナ」の歌が無くなっていった。しかし、一九八

南城市玉城百名の親田御願

九年から、拝所の拝みだけだった行事に加え、「ユーエーモー」（祝毛）で北・西・南・東の順に「三十《サンジュウ》三拝《サンペー》」の祈りを捧げる儀式が復活した。さらに「蔵元屋敷《くらもとやしき》」での祝いも再興された。かつては、この「親田御願」が済まないと、この地域の田植えは始まらなかったという。

この行事は、およそ三八〇年も前からすでに琉球弧で広く行われていたものと考えられる。伊波普猷《いはふゆう》氏は、論文「南島の稲作行事について」の中で、奄美諸島の徳之島や喜界島にも「クェーナ」が残っていることを指摘し、一六〇九年以前からこの農耕儀礼は各地にあったと述べている。また山内盛彬《やまうちせいひん》氏も、その著書『琉球王国古謡秘曲の研究』の中で、仲村渠の「クェーナ」とともに、浦添の字沢岻《あざたくし》と字西原《あざにしはら》の「アマーウェーダ」を収録して、各地の田植え儀礼について比較している。

しかしながら、これらの「クェーナ」が現在歌われているところは、ほとんどない。根人《ニーチュ》が行っていた稲の苗作りや、仲村渠《なかんだかり》の「ミフーダ」も無くなり、かろうじて仲村渠祭祀委員の人が儀式用に自宅で苗作りをしている状況である。「立グェーナ」も本来は帰途に歩きながら歌うものであったが、現在は、「ユーエーモー」で歌われるだけとなった。しかし仲村渠では今でも歌い継がれている。

南城市知名のヌーバレーの長者大主

また沖縄本島の南部においては、南城市の農耕儀礼にまつわる芸能として、知念知名区の「長者大主《チョウジャノウフス》」が有名である。旧盆と一五夜のあたりに集中して奉納される。旧暦七月一六日、南城市の知念字知名《ちねんあざちな》では、五穀豊穣の祈願や、あの世から来た先祖とともに宴を楽しむ。

知名の「ヌーバレー」は、市内最大規模の「ヌーバレー」であり、二〇〇年ほどの歴史がある。集落内の拝所に祝女《ノロ》が御願《ウガン》をし、ムラの神、山の神、海の神に豊饒と豊漁を祈る。それから、青年らによって豊作を願う「クーダーカー」を踊って奉納する。「クーダーカー」は、五穀発祥の久高島に由来した芸能であると考えられる。農耕における豊作を願い、「稲摺節《イニシリブシ》」や「上り口説《ぬぶいくどぅち》」なども踊られる。村遊び《ムラアシビ》では「バンク」（仮設舞台）でムラの人々が、芸能を楽しむ。夕暮れ前から、アシビナーの特設ステージでは、「久志の若按司の道行口説」「夜半参」など、おおよそ三〇の演目が演じられる。蝶に扮した青年が踊る「胡蝶の舞」では会場が一体となり、夜が遅くなるまで、太鼓や三線の音が軽快に鳴り響いていた。

舞台芸能の前には、旗頭を先頭に「長者大主《チョウジャノウフス》」が練り歩き、道ジュネー（行列）を行い、集落内の拝所《はいじょ》に拝みをする。「長者大主」には次のような伝説がある。

……「長者大主」が大勢の子孫を引き連れて畑めぐりをしている時、「アマミキョ」（琉球開闢の神）に出会い五穀の種物を授かり、万人に広げるように頼まれた。百七歳の大主は「アマミキョ」より長者の位を戴く長者の大主であり、自分の子供、親雲上《ペーチン》、筑登之《チクドゥン》の三者に言いつけ、穀物の種を万人に広げさせた……

祭りの中で「長者大主」は集落の拝所《はいじょ》を回り、一行は「ヌルドンチ（祝女殿地）」に赴き、ムラの神、山の神、海の神に、豊年を祈る。「アマミキョ」が琉球を開闢するために、田んぼの作り方、種の播き方から、収穫までを教えた…と言われている。「長者大主」は、豊かに実った稲を刈り取ることを祝い踊る。

公民館の傍には、「知名ヌヒャー」が祀られていた。この神は、知名を支配していた人物とされている。祖霊信仰として、島建てをした先祖に感謝をする。「長者大主」は知念字知名《ちねんあざちな》の旧盆「ヌーバレー」（旧暦七月一六日）の他にも、玉城字百名《たまぐすくあざひゃくな》と玉城字前川の敬老会や御願（旧暦八月一五日前後）でも演じられ、農耕儀礼と祖霊信仰が深く結びついていることが伺える。「長者大主」は、一九九四年に無形民俗文化財として指定された。若手の後継者が不足していることを、当時の玉城村教育委員会が危惧したためである。

一方で、沖縄本島の北部に近い伊是名島では、農耕儀礼にまつわる「土帝君《トゥーティクン》」という祭祀がある。「土帝君」は名前のとおり中国から来た神であり、基本的には土地を守る農業神である。「土」という文字がつくことから、その神像は焼き物でできており、那覇市の壺屋などでも焼き物の神としても祀られるという。このように「土帝君」は沖縄各地にあり、集落の小高い所に祠が建てられることが多い。

例えば、伊是名《いぜな》島の勢理客《じっちゃく》という集落の「土帝君」は、小さな丘に祀られている。祠の周りにはこんもりと木が茂って、アカバナ（ハイビスカス）が咲き、丘からはカカシの立っている田園と海、夕陽、そして勢理客の古い家並みが一望できる。

かつては神女が執り行うものだったが、今は村長はじめ役場の男性を中心とした祭りへと変容した。つい最近までは女人禁制だったといい、伊是名島にあるもう一つの「土帝君」を持つ集落・諸見《もろみ》では、祭祀の手伝いに入る女性が敷地に入る場合には、なぜか祠の周りを七回ケンケンさせられるしきたりがあった。現在の勢理客の「土帝君」では、女性たちが祭場でヤギ汁をはじめとしたご馳走を準備していた。「土帝君」という農耕祭祀によって村人が団結する機会がつくられている。

沖縄諸島の北部では、「シヌグ」という農業祭祀が行われてきた。この祭儀には東の方から男が、西の方から女が出て田遊びの神事を行う。こ

伊是名島の土帝君(トゥーティクン)

の祭りは、農業と生殖との信仰を表現したものである。例えば、旧暦七月の初亥（盆明け亥）には伊平屋島のシヌグ舞が行われ、男性の祭り集団を中心として豊作・豊漁祈願が行われている。そして豊作、豊猟、豊漁、悪魔払いを祈願し、女だけの集団舞踊である「シヌグ舞」が踊られる。伊平屋島の他に、伊是名島、本部町具志堅、備瀬、辺名《へな》地《じ》でも行われている。

また盆前の初亥の日に、国頭村安田、安波でも行われる。「シヌグ」の中で踊る踊りは老若婦人たちが神アシャギの前庭で円陣になり、「シヌグ」の唄に合わせて拝み手、押し手、払い手、捧げ手などの舞の手で踊る。また、足運びも右に揃えたり、左に揃えたりして少しずつ前進する。この型式は古代舞踊の型であるといわれている。

国頭村安田でも、「シヌグ」が行われ、舟漕ぎの振り、サバニ競漕、世乞いがある。旧暦の七月の盆明けに沖縄本島北部の安田、安波、伊平屋、伊是名、中部の与勝の海周辺にある伊計、宮城、平安座《へんざ》、浜比嘉の各島でおこなわれる。「シヌグ」は「世果報《ユガフ》」を招く予祝と、あらゆる邪霊払いの祈願祭である。

安田の「シヌグ」は、村中の男が草木を身にまとい、掛け声とともに山からおりて来て、集落で待ち受けている女たちを木の枝で叩き悪魔払いをする。さらに男たちは田の畦道や住居の壁を叩きながら海岸に出て身につけた草木を海中に投げ捨て、海水で身を浄める。またこの祭で「シヌグ舞い」が踊られ、踊りは三日間、毎晩続けられていたという。この祭りは琉球弧の来訪神儀礼の原型にあたるものではないかと考えられ、そうであれば、「オナリ神」信仰の前の形を示していることになる。

沖縄本島のシヌグ

祖霊神、来訪神は人々に富や健康をもたらす存在ではあるが、実際に品物を持ってやってくるわけではない。だが、農耕に重要な作物の種子や農耕具は、外来の神がもたらしたものであると伝承されている。

## 4　来訪神信仰

琉球弧では祭りと儀礼において、人が神に扮して、来訪神（マレビト）として安寧や幸福をもたらす役をする…という信仰がある。民俗学者の折口信夫氏は、来訪する神を「マレビト」と呼んだ。海の彼方の異界から、季節ごとに訪れて幸いをもたらす来訪神を迎え、歓ばせ、送り出すことを想い、神々に舞踊を奉じた。八重山諸島には、神事・奉納芸能が一体となった祭りが多く、新しい命をつくることを願い、五穀の種子を播く儀礼をともなう。アニミズム的な信仰によって、あらゆる事物には「霊魂」が存在するといった考え方がある。

小浜島のダートゥーダ

琉球諸島では豊年のことを「ミルクユガフ（弥勒世果報）」というが、弥勒が現世に五穀豊穣・子孫繁栄をもたらすという世界観に基づいている。弥勒信仰は、ニライカナイ信仰と習合して、海の彼方の楽土から「世《ユー》（豊作・富貴）」を運んで来る五穀豊穣の来訪神を崇めるものであり、特に八重山諸島での信仰は厚い。

かつて小浜島では北集落の神「弥勒《ミルク》」と南集落の神「ダートゥーダ」が来訪神芸能として奉納されていた。島人《シマピト》は、ダートウーダという神を畏れ敬っていた。ダートゥーダは、「フェーヌシマ」（南の島から来た芸能）に分類される。それは海の彼方からの来訪神の足跡と重なる。琉球諸島にみられる弥勒神への信仰と同じく、フェーヌシマの踊り手の姿も、海の彼方から来る異形の存在であった。

　来訪神がもってくるのは物質ではなく、「セジ」と呼ばれる霊力である。琉球弧、日本本土を問わず、人智の及ばない超越的パワーを人々は畏怖し、尊び、また、それを定期的に迎え入れ、歓待することによって、豊作、豊漁、安寧、子孫繁栄がもたらされると信じた。

宮古島島尻のパーントゥ

　宮古島の島尻集落の「パーントゥ」は、旧暦一〇月の上旬に行われ、仮面をつけた来訪神による悪疫払いの行事である。祭祀の当日、夕刻に「キャーン」と呼ばれるつる草で全身を覆い、その上から泥を塗った「パーントゥ」が集落に姿を現す。「パーントゥ」は島尻では「幸せを運ぶ神」とされ、人や住宅に泥を塗り付けることで厄を払う神となっている。新築の家では、泥を塗りつけてもらってお払いとし、家内安全を祈願する。むろん、真新しい畳や家具は〈泥の洗礼〉を受ける。それでも住人は神の来訪に感謝し、酒や御馳走でもてなす。また幼児の額にも泥を塗り付け、招幸と健康を願うのである。パーントゥの塗る泥は独特の匂いがして臭く、その匂いはなかなか落ちない。

　「パーントゥ」の発祥は、現在の島尻集落の北の海岸に、クバの葉で包まれた仮面が流れてきたことから始まったとされている。以来、漂着した浜を「クバマ」（クバ浜）と呼んでいる。世持神としても崇められている「パーントゥ」の仮面は、秋田の「ナマハゲ」を少し髣髴《ほうふつ》させる。「ナマハゲ」も新年に幸せをもたらす鬼として畏れられ、来訪神としての性質を持っている。「パーントゥ」の祭りを地元では「パーントゥプナカ」と言い、「ンマ」（親）を中心として三体の仮面神が現れる。
「ピカズトゥリヤ」（パーントゥの日取りを決める人）が、島尻に常住する神々に「パーントゥ」が来訪する旨を報告することから祭礼は始まる。「パーントゥプナカ」の前に「ツマッサリ」という悪魔祓いの行事が行われ、集落の主な入り口に豚の骨を下げた縄を張っておく。宮古島各地では「スマフサラ」という習慣があり、集落への入り口に道路を横切る縄を張っている。道祖神やしめ縄などと同じく、ここから内側には神聖で守りたいものが存在するという意思表示でもある。悪霊・厄災の侵入防止、魔除けの一種で、縄の中央には豚肉が結ばれている。臭いで悪霊を寄せ付けないという意味もある。この縄は「スマフサラ」の後で、「パーントゥ」を作るときも使用されるという。集落の男性が集まり、集落に災いが侵入しないように豚の骨をぶら下げる縄を作る。厄払いで豚の骨を下げた縄は、集落の主要な入り口にぶら下げられる。

「パーントゥ」の三神になる担い手は、島尻集落の青年会によって希望者から選任される。「キャーン」というツル草を全身に身にまとい、「ツマッサリ」のとき使用された縄で巻きつける。「ンマリガー」（生まれ井戸）という聖地の井戸から泥をくみ出し全身にぬりたくり、頭にはマートゥ（ススキ）を巻き、左手にはグシャン（杖）を持ち、右手には仮面を持って「パーントゥ」が誕生する。この「ンマリガー」の名前の由来は、昔、子供の誕生の産湯にこの井戸の水が使われたことにあるという。ムトゥ（元屋）を廻り、パーントゥは仮面の保管場所を廻り、祭りの開始の報告をして、清めの酒と塩をいただく。
「パーントゥ」の日取りはこの年の干支と土《つち》、金《かね》の日を選んで日取りが決められ、厄払いでは土（大地に根差して）と金（鋼鉄のように丈夫で）のように人も家も繁栄するように…と願いをこめて泥を塗る。新生児や老人にも泥を塗り、新築の家々には必ず上がりこんで泥を塗りたくる。

琉球弧の来訪神については、海の彼方の原郷か、天上の異界にいる神であり、平時には人々の集落に存在しないが、祭祀の時には御嶽《ウタキ》に降りてくると考えられていた。沖縄本島で旧暦六月の稲の収穫祭や旧暦八月一五夜に現れるミルク神や、ボゼ（トカラ列島の来訪神）やアカマタ・クロマタ（八重山諸島の来訪神）のように原初的な草荘神もある。パーントゥは草荘神に分類される。来訪神への大事なニガイ事（願い事）をする行事を通して、「パーントゥ」は島尻の守り神としても崇められてきたのである。

八重山諸島の来訪神儀礼は、豊饒をもたらす神として、結願《キチガン》祭や豊年《プーリー》祭などの季節の変り目に、異様な姿に扮した奉納芸能に現れた。特に来訪神信仰の中でも弥勒《ミルク》神は、東南アジアとの関連があるのは明らかである。他にも琉球弧との共通するコスモロジーを持った祭祀儀礼を挙げてみたい。

東南アジアの事例として、例えばラオスでは、プーニュ・ニャーニューという仮面神が残っていて、石垣島の宮良や新城《あらぐすく》島のアカマタ・クロマタと姿形が似ている。「これらの仮面神は海を渡ってつながっていたのではないか」と、神の仮面と草荘の姿の類似性を、社会人類学者の比嘉政夫氏は指摘していた。比嘉氏は来訪神への信仰を草荘神の形で比較することで、沖縄の古層を東南アジアや中国南部の痕跡から伺うことができたという。

また来訪神信仰では、「見える神を迎えて祝う祭り」と「見えない神を迎えて祝う祭り」があり、祭りを演じる側にはっきりとした違いが存在する。「見える神」を伴う祭りの場合には、神を演じる祭祀集団が存在するのに、「見えない神」を迎える祭りの場合には、それが存在しないからである。「見える神」を迎える祭りを考えるために、八重山諸島の石垣島や西表島で祝われる「アカマタ・クロマタ」と、沖縄本島南部の南城市を中心とした「長者大王《チョウジャノウフス》」と「天人《アマンチュ》」を比較してみると分かってくることがある。

まず、「アカマタ・クロマタ」への信仰について見てみたい。八重山諸島の「アカマタ・クロマタ」という秘祭に登場する仮面神がある。初夏に稲の刈り上げを祝う沖縄では、旧暦の五月、六月に豊年祭が行われ、八重山諸島では、この祭りは「プーリ」あるいは「プール」と呼ばれる。

西表島古見、小浜島、石垣島宮良、新城島では、祭りの二日目にウムトゥ、ナンビトゥなどと呼ばれる秘密の場所から、「アカマタ・クロマタ」という、仮面をつけて全身に森の緑をまとった来訪神が「見える神」として出現する。各戸をまわり、家々の繁栄と豊作を予祝する神である。来訪神である「アカマタ・クロマタ」の訪れは、まったくの秘儀とされ、秘密結社的な性格を持った「ギラヌム」と呼ばれる男性祭祀集団によって担われる。民俗学者の宮良高弘氏の「仮面仮装の習俗―八重山諸島におけるアカマタ・クロマタ神」(『季刊・自然と文化』)によれば、祭りの発祥地とされる西表島古見ではアカマタ、クロマタに加え、シロマタが登場するという。宮良氏の記述に沿って、この秘祭の流れを見ていこう。

八重山諸島の秘祭アカマタ・クロマタ
(『季刊・自然と文化』26)

古見の豊年祭の初日は、司のニンガイ(祈願)から始まる。午前中から各々に所属する御嶽の境内で、氏子から寄せられた材料で供物をつくり神酒とともに御嶽に供える。そして、司を中心に、男神役と氏子たちが五穀豊穣の祈願を行う。

女神役の司《ツカサ》は、拝殿での祈願が終わると、森の奥深い拝殿裏のイビと称せられている場所へ入り、更に祈願を続ける。イビは、最も神聖な所と考えられ、男性の立ち入りは固く禁じられている。男性祭祀集団の「ギラヌム」の団員たちは、アカマタ、クロマタ、シロマタの面を、安置してあるトゥニムトゥ(宗家)から秘儀の行われる場所へと、人目につかぬように運ぶ。

豊年祭の第二日目は「トゥピィ」と称せられ、三神が出現する日である。その日の未明、「クロマタ」の団員はパイヌオン(南の御嶽)の境内で、「シロマタ・アカマタ」の団員はウケハラの境内で会合を持つ。

この会合において、その年に新しく入団する者（ウイタビ・初旅）の代人（後見人・烏帽子親）である「ユブス親」は、ウイタビの用意した酒一升と米一斗をウイビト（長老）に献上する。そこで長老たちによる審査がなされ、合格するとウイビトと代人の間に盃が交わされる。「アカマタ・クロマタ」に関する歌が歌われ、会合を終える。この日、はじめて来訪神に関する歌を歌うので「ハツオコシ」という。

日が暮れると、いよいよ三神の出現である。森の奥深い「ウムトゥ」と呼ばれる神聖な場所から出現し浜に降り、舟漕ぎの行われた場所から上陸する。「アカマタ・シロマタ」のウムトゥは、村落の北側を西に向っていったところで、山の人目につきにくい木立の中にあったという。そこは、祈り手が西に向って位置するように作られた小さな空間である。一方、クロマタのウムトゥは、村の南にあるクロマタの墓の方向と思われる。クロマタはカネマ御嶽から出てくる。出てくる時は、地の底のニーラから出てくるのを象徴するかのように、小さい半円形の門、兼真の門を潜って出てくる。

西表島古見の御嶽

こうして、仮装神は村はずれの道を通って請原御嶽の前から村に入ってくる。司たちの待つトゥニムトゥ（宗家）に太鼓打ち、銅鑼打ち、その他の団員に護衛されながら、三神が出現する。シロマタ、アカマタの二神は、対を成して、シロマタ、ついでアカマタのトゥニムトゥに出現する。

古見の人々は、シロマタとクロマタのトゥニムトゥで仮面仮装者を迎えて礼拝する。団員以外の村人や観客は、トゥニムトゥに集められ、神を畏怖して決して直視しない。神の出現中、頭をさげて祈願するので、中には神の様相さえわからない者もいる。

「アカマタ・シロマタ」は、村人に見送られながら山中に消えていく。「アカマタ・シロマタ」が去ると、クロマタの登場になる。クロマタと「アカマタ・クロマタ」とは、路上で会うことを禁忌としているので、クロマタの来訪は遅れる。クロマタは帰るとき、御嶽の前に草の衣装を置いていく。これは来年の豊作のしるしという。クロマタは、出るところは見せるが、帰るところは見せない。「アカマタ・シロマタ」は、逆に出現は見せないが、帰るところは見せるという。

また、石垣島川平の節《シツ》祭では、九月巳亥に「マユンガナシ（真世加那志）」というクバ笠を被った来訪神が登場する。農業暦の変わり目であり、年の変わり目でもある。来訪神である「マユンガナシ」は各家を回り、幸福・豊作・家畜の繁盛を与えて去っていく。「マユンガナシ」はクバ笠に蓑姿、手拭いで頬かむりをし、手には六尺棒（杖）を持っている。節祭では若者たちが扮した「見える神」が蓑、笠を着け、杖をつきならしながら、五穀豊饒、家内繁昌を予祝するのである。「マユンガナシ」は来訪神でありつつ、祖霊のように帰るべき家をもたぬ「まつろわぬ霊」「雑鬼」の類であるようにも見える。しかし彼らは、家々に入ると予祝を述べ、家々の繁栄や、田畑の豊作、海での豊かな収穫を授けて去っていくのである。

さらに「見える神」として、南城市の「長者大主《チョウジャノウフス》」と「天人《アマンチュ》」の事例を挙げたい。

南城市は沖縄本島の南部にある。巡礼の道「東御廻り《あがりうまーい》」にゆかりの深い聖地が多くあり、御嶽や城が数多く残されている。久高島の対岸に位置する沖縄本島の南部は、古くから久高島と人の交流があった場所である。玉城字百名《たまぐすくあざひゃくな》の海岸沿いのヤハラヅカサは、琉球の祖先「アマミキョ」が最初に本島に上陸した場所といわれている。その風土に根づいた精神文化の結晶として、今も豊かな祭りや芸能が残されている。

このように南城市は、「ニライカナイ」から「アマミキョ」が降り立った伝説の地でもあり、〈五穀発祥の

南城市玉城百名の
ヤハラヅカサ

南城市玉城グスクの石門

南城市津波古のアマンチュー

南城市津波古のヌーバレー

宮古島上野のンナフカ

地〉として豊穣への祈りが御嶽と人々のかかわりを通して保たれてきた。

南城市の佐敷の津波古《つはこ》の旧盆の後には、「ヌーバレー」（野祓い）が行われる。旧暦七月一六日から一七日にかけて、南城市内の各地でヌーバレーが行われてきた。ヌーバレーは地域に伝わる伝統芸能を、皆で楽しむ行事であると同時に、地域の安寧と五穀豊穣を祈願し、無縁仏をあの世へ帰す神事でもあった。津波古のヌーバレーは、例年、土帝君《トゥーテークン》広場で行われ、来訪神的な役割を果たす「天人《アマンチュー》」が現れる。弥勒踊り、棒術が行われた後に「天人」が姿を見せるのである。八重山の「アカマタ・クロマタ」のような秘儀ではなく、佐敷の外間《ほかま》の旧盆、大里の古堅《ふるげん》の豊年祭（旧暦四月一日）において舞台に現れる。道ジュネーを中心に、その前後に神事があり、玉城字百名《ひゃくな》・玉城字前川の「御願《ウガン》」（旧暦八月）、佐敷の津波古《つはこ》の「ヌーバレー遊《あし》び」（旧暦八月）でも舞台で演じられる。佐敷の津波古の「天人《アマンチュー》」は、古くから伝わる民俗芸能で、畑を耕している福人の大主《ウフス》の前に姿を現す。大主《ウフス》は五穀の種子を賜り、さらに「長者大主」の位を授けられ、子や孫とともに一家の繁栄を祈ったという。

「天人《アマンチュー》」は二人一組で肩車をして演じ、来訪神のように、現世に豊穣をもたらす存在であった。

琉球弧の来訪神の諸相を鑑《かんが》みるに、神と人間の交流の方法は二つある。一つは「見える神」として「アカマタ・クロマタ」や「天人」「長者大王」のように有形的に象徴的に表れて、現世的に人間と交渉を持つ方法で、もう一つは無形的に人間の心のうちに現れて、神が語りかけて憑依する方法である。この種類の神は機能がそれぞれ異なっている。

憑依する神としては「ンナフカ」と呼ばれる神がいる。宮古島の上野集落の「ンナフカ」という祭祀では、海の彼方から来た「見えない神」である「ンナフカ」を迎え入れる。憑依神は神女に乗り移って、神人一体化するのである。上野集落の「ンナフカ」は三日間にわたる「世乞《ユークイ》い」の祭りである。この祭りは旧暦七月から八月に行われ、来訪神が訪れて五穀の種子を配るという儀礼が行われる。その儀礼には、白鳥伝説、龍宮伝説などが関係し、海の彼方から来た「見えない神」と神女は御嶽で交歓し、憑依神となる。

また宮古諸島の池間島では、旧暦九月に「世乞い《ユークイ》」があり、アヤグ、世乞い遊び《ユークイアシビ》が行われる。「世乞い」とは、豊年を祈願する祭祀のことで、豊年をもたらす「見えない神」を迎えるための儀式で踊られるのが〈ユークイ踊り〉である。それは神女たちによって、静かに右回りで踊られる呪術的なものである。神女たちは「キャーン」（草冠）を依り代として神と一体化し、豊かな幸を引きよせる。神女たちは御嶽でアヤグを歌って豊年祈願をし、舞い踊るのである。

ここで重要となるのは、女性が男性を守るために祈るという関係性である。「オナリ神信仰」ともいうが、女性たちは現世において、外来の神を迎え、もてなす役割を負っている。女性の神人たちが宿す「オナリ神」を来訪神として崇め、神女たちと同衾《どうきん》する祭祀もある。また、原初の人間は、海の底もしくは海の彼方（ニライカナイ）から島に来訪したという神話もあり、死後はニライカナイに戻るものとも理解されている。島々の神観念は祖先崇拝と並んで、来訪する神を迎えるかたちをとってきたのである。

## 5　他界信仰

作家の司馬遼太郎氏は、「琉球の神々は天《アマ》から天降《アモル》るよりも海《アマ》からくるといった信仰がある」と述べている。確かに、琉球諸島の世界観の中には、神々とは、海の彼方からくる来訪神《マレビト》である…といった考え方が色濃く残されている。海の彼方の楽土を崇める「ニライカナイ信仰」と習合して、そこから五穀豊穣を運んで来る存在こそが「神」なのであった。

中世において、琉球人の貿易活動はじつに盛んであった。その行動範囲は、日本本土、朝鮮半島、中国大陸、そして遠くは、東南アジアにまで及んでいた。琉球列島では、琉球王府による公の貿易の前から、頻繁な貿易が行われていた。その交易の道、すなわち〈海上の道〉に沿って、「フェーヌシマ」という芸能や来訪神信仰も、海の彼方から伝わってきたのである。

その〈海上の道〉を通って、海の彼方から伝わってきた儀礼が「龍舟競渡《ハーリー》」である。中国や東南アジアの「龍舟競渡《ハーリー》」が沖縄に根をおろし、沖縄北部の「ウンジャミ」（海神祭）や八重山西表島の「シツ」（節祭）にみられる舟漕ぎの儀礼「ハーリー」となった。龍神信仰や他界信仰（海上信仰）が、「龍舟競渡《ハーリー》」と結びついたと思われる。

沖縄本島の「ウンジャミ」（海神祭）や、八重山の「シツ」（節祭）や豊年祭など豊穣祈願の儀礼と結びついた船漕ぎ儀礼は、「オナリ神」が海の彼方の他界の「ニライカナイ」からのユー（豊穣）を招き入れる祈願が中心となっている。社会人類学者の比嘉政夫氏は、海上楽土への他界信仰に基づいた「ハーリー」は、むしろ内陸部の湖沼や河川に結びつく農耕民族の信仰が源流であったと推測している。その起源説のうち、有力な三つの仮説は次の通りである。

①雨乞い

史書に、孫意のため首里の龍潭池に爬龍船を浮かべたという記述がある。龍は水または雨と結びつくという概念は琉球弧にもあり、雨乞い祈願に龍もしくは蛇を象徴する蔓草や藁綱を持って入江を横断したり、村の中を回る儀礼がある。しかしながら、「ハーリー鐘が鳴ったら雨が上がる（梅

沖縄諸島のハーリー（奥武島）

雨が明ける）」という沖縄本島の口碑伝承からみると、現行の爬龍船行事が雨乞いに直接結びついているとは思えない。

②豊作祈願

沖縄の爬龍船行事の基底に農耕儀礼としてのウンジャミなどの行事がかかわるとすれば、雨乞いよりも豊作祈願が本来の意味であった。琉球弧の「世《ユー》」（豊穣）の概念は豊作、豊漁、多産を包括する意味を持っている。

③水神祭

龍が水や雨を司るという概念からすれば龍は水神であろうが、琉球弧の船漕ぎ儀礼は、「ニライカナイ」に代表される他界観、来訪神観念と結び付いていて、水神という概念とは異なると思われる。

古宇利島の海神祭《ウンジャミ》では、「流れミャー」と言って、ハーリー舟に託して島の悪疫などを流す。御嶽《ウタキ》から神人が出てきて、五穀豊穣や豊漁や航海安全や島の繁栄を祈願しながら浜へと下りてくる。祭りの最後に島の悪疫や悪しきものを海へ全て流すためである。

この時期に行われる他の地域の「シヌグ」を見ていると、古宇利島の海神祭は、海神のみでなく、場所や所作や道具などから多様な要素を持った祭祀であることが分かる。

その翌日に行われる豊年祭は、一年間の祭祀の重要な位置づけがなされる場面がある。女性の神人たちがフンシャーで舟漕ぎの儀礼を行う際に、山原船《やんばるせん》の

古宇利島の海神祭のハーリー

帆柱を使って七回漕ぐことで、予祝祈願をする。一通りのウガン（御願）が終わると、男性たちがウプドゥマイ（神浜）から東・中・西組に分かれて舟出する。「ニライカナイ」からくる神々を未明の満潮時の浜辺に迎え、そのあと神アシャギで神々に奉納する神遊びがおこなわれる。

神遊びは、オモロを唄いながら山海の獲物を獲る所作で踊る。踊りが終わったあと、山の幸（猪）を土中に埋めたり、儀式に用いたハブイ（蔓草の被い草）などを海に流す。ウンジャミ（海神祭）は、女神を拝する祭りだともいわれ、男神の祭りといわれてるシヌグとは対称的である。国頭村の安田、安波、奥などのようにウンジャミとシヌグを一年交替で行うところもある。

「爬龍船競漕」（ハーリー）は糸満が有名であり、爬竜船（サバニ）の競漕で豊漁祈願をし、沖縄各地で催される。「ハーリー」の起源は、一説には、中国楚の国の屈原が河に身を投じたので、飛竜を走らせて屈原救出に努めたことに始まるという。それが旧暦の五月四日であったということから、その日に爬竜船を浮かべるようになったという。現在は旧暦五月四日（ユッカヌヒー）のハーリーは那覇市では見られず、糸満市で「糸満ハーレー」として盛大に行われている。

また沖縄本島南部の奥武島でも、旧暦五月四日にサバニ競漕で豊漁祈願をする。沖縄本島北部では、神事、祭事にもこれを催すところがあり、八重山の各離島では「ニライカナイ」から来る来訪神を迎える祭りとして、船を沖合いに出して陸に向かって競漕する。那覇、泊、久米村の「ハーリー」は、一四世紀ごろ豊見城城《トミグスクグスク》の下にある漫湖で行われた爬竜船競漕に始まることに由来するという。

大宜味村塩屋のウンガミの奉納芸能

石垣島宮良のイタシキバラ

沖縄本島の大宜味村《おおぎみそん》塩屋《しおや》の海神祭である「ウンガミ」（ウンジャミ）では、臼太鼓（ウシデーク）、弓の舞、舟漕ぎの儀式、サバニ競漕が行われる。女性祭り集団を中心とする豊作・豊漁祈願でシヌグと一年交代で行う。シヌグと似た行事で、大宜味村塩屋をはじめ、謝名城《じゃなぐすく》、国頭村《くにがみそん》比地《ひじ》などで行われる。爬竜舟に乗って、海の彼方から神々がシマ（村落共同体）に訪れ来ることで、人々に五穀豊穣や豊漁をもたらすのである。

八重山の石垣島宮良では、旧盆にはアンガマやイタシキバラが行われる。アンガマはグソー（あの世）からやって来る精霊だという。親しみを覚える老翁と老媼の面だが、甲高い声で話すその姿は異界を思わせる。大きな体躯をくねらせて歯をカタカタと鳴らす獅子は、異界に悪霊を払う所作をしている。イタシキバラにおいては、巻き踊りなどの唄や踊りが行われる。紺色の着物を着て、赤と紫の鉢巻を締めた老人たちがクバ扇を持ち、リズムにのって回りながら踊る。

イタシキバラの語意ははっきりしないが、未だグソーに戻りきらない浮遊霊の祓いを目的とし、同時に盆の疲れを楽しく癒す要素も合わせ持つ儀礼といえるだろう。石垣島では、三日間も祖霊と一緒に過ごした旧盆の翌日は、気をしっかり持たないとショウマキ（精負け）してグソーに連れて行かれると伝えられている。

石垣島宮良のイタシキバラは、旧盆の直後の旧暦七月一六日に行われる悪霊払いの祭りであった。トゥニムトゥ（宗家）をツカサ（神司）や村の有志、役員などがまわり、賑やかで親密な雰囲気の中に時間を過ごす。ヒツンガズニンブジャー（七月念仏歌）を歌って踊り、肴酒や余興を楽しみ、トゥニムトゥ（宗家）では獅子舞で締めくくる。トゥニムトゥをまわる慣習は、昔も今も宮良集落の人々の精神的な繋がりを強めるためだと言われている。

かつて沖縄本島北部の山原《やんばる》では、安田や安波のような形態の、男性祭祀組織によって演じられる〈見える神〉が顕現するシヌグの祭りが、広くおこなわれていた。草木を身につけた男たちによって演じられる秘密結社的な祭祀は、「オナリ神」信仰に支えられ、琉球王朝の支配的な祭祀組織と融合した。山原の多くの集落では、女たちが男を拝む「ウッキーウガミ」のシヌグと、男たちが女を拝む「ウナイウガミ」の海神祭が一つの祭りに組み込まれていったのである。

山にこもって草木を纏った男を拝む「シヌグ」のない大宜味村の塩屋の海神祭の場合には、男たちの漕ぐハーリー船の到着を女たちが海に入って迎え、熱狂的に舞う「ウッキーウガミ」の形態が見られる。

ところで沖縄の各地には、「青の島」という島がある。仲松弥秀氏の指摘では『おもろ草紙』や『琉球国由来記』から判断すると、青（アフ・アヲ・アウ）は死者のおもむく葬所を指す言葉で、〈青の世界〉があの世の世界であったという。それは『琉球国由来記』で「アフ」などとする箇所を『琉球国旧記』で調べると、「青」と当てられていることからわかる。「アフの獄」、「奥武（オー）島」などはみな、古代の葬所だったからである。沖縄本島の南部にある奥武島《おうじま》は、今はたった一五〇メートルの長さの橋で本島とつながり、漁業を中心に生活する九五〇名余りの人が生活している。かつての奥武島は、特別なとき以外には、立ち入ってはならない神聖な場所でもあったという。

ハーリー舟の伝統のある奥武島には、誰かが死ぬたび、遺体を安置するための小船が葬所に渡っていた。数年たって骨を洗うたびに、小船が渡るという行き来が繰り返されてきたという。その島の空間には「死者の国への入り口」としての世界観があった。海人《ウミンチュ》たちが手塩にかけた美しいハーリー舟は、海で命をあずけ

南城市にある奥武島の全景

知念半島の離れに浮かぶ久高島

るに値する技術に支えられてきた。しかしそれは、細長い棺桶を載せた船を、近距離の海域で転覆せずに漕ぐための技術や、葬列のように一列に人が並んで座れるような座席の形式など、死者を「青《おう》の国」に見送るための習慣の中で培われた技術であるかもしれない。

沖縄本島南部の知念、玉城などの村々の集落には「ヌーバレ」と呼ばれる祭りが数多く残されているが、そこには沖縄本島北部の「ヤマヌブイ」のように仮装した男たちが登場することはなく、稲の害虫や鼠を追い払う虫送り（畦払い＝アブシバレー）の要素のみが残されている。海の彼方から害虫や鼠がやってくると信じられていたのである。知念や玉城は島尻半島に位置し、神の島である久高島から祖神のアマミキョが住んだとされる聖地である。この地の祭りからは、男性祭祀集団の色が払拭され、女性祭祀集団が執りしきる「ヌーバレ」が残されたと考えられる。

南城市の知念半島が琉球神話においてなぜ重要かというと、祖神がたどり着いた久高島が知念半島の近距離にあるからである。その行政区である南城市の中でも、五穀発祥の由来のある知念地区と久高島は、船で二〇分ほどの距離であるが、その関係性が非常に重要となる。大きな島にとって「パナリ」とは「離れ島」のことを指す。祖先たちが大海を舟で渡ってきて、大きな島である沖縄本島に行く前に、まず、小さな島である「離れ島」に上陸する。それが「パナリ」の島の機能でもあり、同じような役割を果たしているのが久高島であり、南城市の知念半島にとっての離れ島である「パナリ」となる。

その世界観は琉球神話の中にも残されており、久高島の聖地と知念半島の聖地との関係性は、稲作儀礼や他の祭祀で創世神話を共有していることからも緊密であったことが分かろう。

# 第二章　久高島の祭祀・儀礼

沖縄諸島の中でも神聖視される聖域・久高島。

一九七八年を最後に、神女が誕生する祭祀〈イザイホー〉が行われなくなった。その後も脈々と受け継がれてきた年中行事には、「シマ」（村落共同体）の成り立ちとそれに伴って形成された世界観、神観念などがいきづいている。しかし担い手である神女たちは減りつづけ、年中行事も簡略化して消えていく危機にある。旧暦八月の「ハティグヮティマッティ」から旧暦一二月の「ウプヌシガナシー」までの年中行事七件のほかに、「十五夜」や「マーミキグヮ」といった行事がある。二〇件の神事があるとされるが、筆者が見ることができた祭祀は一四件ほどであった。

ついに、二〇〇八年には神女が三名となってしまった。神役が三名の状態でも存続しつづける年中行事があった。その年中行事は、旧正月、ピーマッティ、ソージマッティ、ヒータチ、ウプヌシガナシー、三月綱、マッティ、ハマシーグ、ハンジャナシー、キスクマーイ、ミルクグヮッティ、ウプマーミキ、七月綱、ヤーシーグの一四件であり、その他は家レベルで行う。

毎年の年中行事を行う神女を生み出してきた〈イザイホー〉は一二年ごとの午《うま》年に行われてきた。一九七八年に行われたのを最期に途絶え、二〇〇二年には〈イザイホー〉が行えないことに対し、神々に「わび御願《ウガン》」が行われている。神女が減少し続ける現在、年中行事を維持するために、次の午年である二〇一

年中行事の始まりである旧正月（久高島）

四年が過ぎた後、本来の〈イザイホー〉が如何なる形になるのかは久高の祭祀を支える体制によって左右されると思われる。二〇一九年現在、神女たちの祭祀はNPO法人久高振興会、ゆなぐ会などが支えている。

一九六六年の〈イザイホー〉は、芸術家の岡本太郎氏が見学したことでも知られているが、学者やマスコミなど色々な人が全国から押し寄せてきた。その次の一九七八年の〈イザイホー〉で最後となったが、そのとき西銘シズ氏という神人が、写真家の比嘉康雄氏を引き入れて、御嶽《ウタキ》の中の撮影や記録をしていいという許可を出したことで、久高島の祭祀の詳細が現在にも伝えられているのである。

久高振興会は、島の振興・自立を目的として、島の男性が中心になって結成したNPO法人である。島のブランド品づくりや久高交流館の運営なども行っている。一方で、「ゆなぐ会」は十数年前に途絶えた久高婦人会を再結成した組織である。祭祀のときに、神女を支える役割も期待されている。

久高振興会を盛り立ててきた内間豊氏（イラブー漁を復活させた元「ハッシャ」代行）、西銘泰男氏（元ハッシャ）は、祭祀において、神女の支え役として活躍した。また、神女の真栄田苗氏も神職の一人として祭祀の中心的な存在として支えてきた。年中行事の際には、神行事の中心的な役割を果たす「外間根人《ホカマニーチュ》」「ウメーギ」に加え、新たな神人も誕生し、旧暦八月の「ハティグヮティマッティ」から旧暦一二月の「ウプヌシガナシー」までの年中行事に参加している。

## 1　久高島の宇宙観

久高島の年中行事と「シマ」（村落共同体）の空間構造の関係から、「久高島の世界観・宇宙観」が浮かんでくる。写真家の比嘉康雄氏の認識によれば、久高島は「クニ」とも呼ばれ、イノー（礁湖）依存型の漁撈採集生活によって完結・独立した島共同体であり、母と子を中心とする母中心社会であったという。久高島の神概念は母中心社会にもとづいたものであり、神女がつかさどる祭祀の世界観も母性原理がつよく影響している。

久高島のある南城市は沖縄本島の島尻に位置し、琉球聖地巡礼の「東御廻り《あがりうまーい》」にゆかりの深い聖地を数多く有している。清らかな自然環境にめぐまれた南城市では、古琉球から琉球王朝へと引き継がれてきた御嶽《ウタキ》や城《グスク》が多く、その風土に根づいた精神文化の結晶として、多彩な祭祀・芸能が残っている。

それゆえに、「ニライカナイ」から「アマミキョ」が降り立った神聖なる地と捉えられてきた。しかし近年、祭祀・儀礼の母体となる「シマ」が揺らぎ始め、年中行事・伝統芸能も消滅する危機

太平洋に浮かぶ久高島
（斎場御嶽からの風景）

太陽の神の祭りであるテーラガーミ

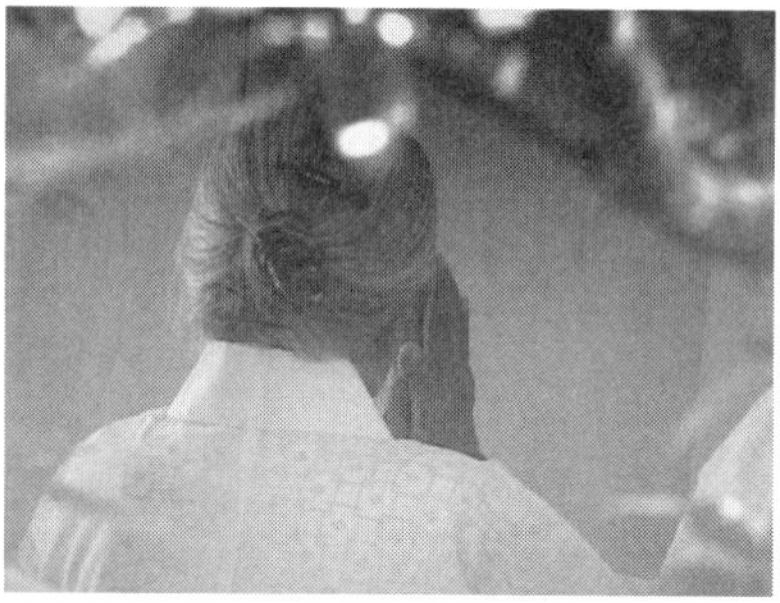

イザイホーのわび御願

にある。

本章では、形骸化がすすんでいる祭祀・儀礼・芸能の現状を憂いつつ、「久高島の年中行事」を見つめ直してみたい。

旧正月から旧暦一二月「ウプヌシガナシー」にいたる年中行事は、御嶽や浜、井戸などの聖域とのかかわりがある。男子禁制の御嶽の痕跡、神聖な領域での祭祀から、御嶽と人々のかかわりを垣間見ることができよう。

二〇〇二年の旧正月から二〇一四年までの一二年間にわたり、筆者は久高島のすがたを見てきた。その島は沖縄本島の東南約五キロに浮かぶ小島で、人口約三〇〇人を下回る。この小さな離島を世に知らしめたのは、やはり〈イザイホー〉という祭祀であった。〈イザイホー〉は一二年に一度午《うま》年に行われ、島で生まれ育った女たちが神女（ナンチュ）になるための継承儀礼であった。三〇歳から四一歳までの女たちが祖母の霊力（セジ）を受けつぐ。

二〇〇二年、神女たちは〈イザイホー〉が行えないことに対して、神々へのおわびを懸命に発した。「わび御願《ウガン》」は、女たちの悲痛な叫びでもある。霊力を受け継ぎ、神人となる後継者が不足したため、一九七八年を最後に途絶えている。二〇〇八年、〈イザイホー〉を受けた最後の神人三名が退任した。

また男たちの祭りには、「テーラガーミ」があり、「八月マティ」（ハティグァティマッティ）の三日目に行う。追い込み漁で取れた魚はまずお供えの分を取り、後は刺身にし、漁に参加した者で分配する。漁業に関する行事は、漁撈祭祀の神「ソールイガナシー」が司り、五〇歳から七〇歳までの男達が参加し、太陽の霊力を受けた男たちが悪霊から島を守る。

祭りは天と地をつないでいる「テンノジョウ」という石に、線香とお神酒を捧げて祈る事から始まる。「テーラガーミ」に参加する五〇歳から七〇歳の男性は「ウプシュ」と呼ばれ、神酒を頂きティルルを歌う。歌の内容は、太陽の神様が島を守るというものである。

島人は、女たちが祭りの祈りを通じて、島の再生を予感させているように思えた。〈イザイホー〉という祭祀以外に、二〇あまりの年中行事が、地下水脈のように今も辛うじて息づいていることに遭遇したからである。

一二年に一回行われてきた〈イザイホー〉は一九七八年を最後に行われておらず、二〇一四年の午年も行われなかった。しかし、その直前に若い神女が生まれ、二〇〇八年に神女を引退した女性たちが祭祀を支えはじめている。

一方で、久高の男たちは、自分たちの島が小さくてほとんど資源がないため、自らのワザを頼りとして、島外へ出るしかなかった。今になって、その海人たちが年老いて、海から島に戻り、イラブー漁や海ぶどうの養殖を始めている。

役割を終えた古いサバニ（小舟）が、海人《ウミンチュ》の

イラブー漁

ソールイガナシーの引退

見守るなかで、クレーンで無造作に積み上げられて燃やされていく。かつてサバニは漁師の暮らしをたてる生命線であった。サバニは、先祖からつづく海人の叡智の結晶でもあった。サバニの葬送は、男たちの悲哀な眼差しの中で行われた。

島人の魂が再生する道は、ますますもって闇に覆われつつある。まさに今、島には社会変容の激浪が押し寄せ、〈揺れうごく聖域〉として未曾有の時代が始まったのであった。気がつけば、神女の人数が減少しつづけ、その祭祀組織が崩れ始めていた。また、手づかみを原則としていたイラブー漁も一時低迷した。つられるように、イラブー漁の権利を有していた村頭「ハッシャ」も担い手がいなくなった。ついには二〇〇三年、漁撈祭祀の神役「ソールイガナシー」は後継者も途絶えた。

久高の島人たちは、このような悪しき連鎖が断ち切れず、窒息しそうな勢いで潮流に飲みこまれている。怒涛にさらされる島人たちは、久高島という場所で生き続けるすべを必死に模索していた。

## 2 御嶽信仰―神界と人界の境界

久高島の集落は南端のわずかな部分に集中し、北側は神の領域とされている。島の土地は「総有制」で個人の持ち物ではなく、神様からの預かりものとされ、売り買いできないことは先にも述べた。また、島の北端の聖地「カベール」（ハビャーン）は〈神の原〉という意味で、白馬の姿をした海の神がクバの森に降りたった場所と信じられてきた。ここは、琉球を創った神「アマミキョ」が降り立った聖地であるとも言われている。フボー御嶽《ウタキ》、ナカヌ御嶽《ウタキ》も重要な聖地である。人間界の北限とされる「ボーンキャー」と呼ばれる辻が、神界と人界の領域を分けていた。

「ハティグァティ」は健康祈願の祭りである。旧暦八月は「ハティナリキ」ともいわれ一年の中で「悪い月」と考えられている。外間殿《ほかまでん》では朝ガミの準備のため、スバやミョウブなどが用意されていた。スバとはススキと桑の葉を束ねたものである。

行事は朝と夕方に、外間殿と久高殿で「ミキウサゲ」が行われる。神酒《みき》は、竜宮神に仕える「ソールイガナシー」が各家を周り集めていたが、現在は不在のため、各家々が持ち寄っていた。本来の神酒集めでは、「ソールイガナシー」が一五歳の少年二人をともなって家を回っていた。二〇〇二年を最後に、その形は無くなった。かつては神酒を集める家の夫婦が「ソールイガナシー」と盃を交わし、少年が一升枡に一杯と柄杓《ひしゃく》でその家の人数分の神酒を集めていた。

外間殿にはハブイ（草で作った冠）を着けた神女が集まり、「ミキウサゲ」が行われる。台の付いたお椀は「ウンサク椀」といい、「ノロ」や根神に捧げられる。外間殿に祭られている香炉と「ニラーハラー」に向かって祈った。昼間、各家々では夕ガミが行われるまでに家の四隅や物置、トイレなどにスバを魔除けのために差すのが風習であった。

久高殿で夕ガミが行われ、朝ガミと同じく「ミキウサゲ」が行われた。島人や里帰りした人も久高殿に集まり、「ミキウサゲ」が終わると神女《ナンチュ》は扇を持って「ニラーハナー」のある東に祈った。この扇は「ンチャティオージ」といい、表に太陽と鳳凰、裏に月とボタンの花が描かれていた。

最後にグゥルイを行うが、沖縄本島でいうウスデークと同様に、女性が輪になって踊る。かつてはグゥルイは神女だけで踊られていたが、それ以

ボーンキャーで踊る神女たち

久高島で踊られるグルゥイ

ボーンキャーで神女を迎える島人たち

ニライカナイに向かって祈る
神女たち（ンチャティオージ）

酒三合で家々を回る担ぎ手

外の女性も参加してグゥルイを残すための新しい試みが行われていた。

二日目の朝がきた。この日、旧暦八月一一日は「ヨーカビー」（妖怪日）と呼ばれ、一年で最も悪い日とされる。神女たちは御嶽へと厄払いに行き、男性たちは集落の外れでそれを見守り、迎え待つ。「ヨーカビー」は、妖怪や悪霊がくる日とされ、神女はフボー御嶽《ウタキ》に行き、災いを祓う祈願をする。このとき神女は白衣を着ない。

島人たちはこの日に備え、前日の昼過ぎになると、各家々では夕ガミが行われるまでに、家の四隅や物置、トイレなどにスバを指し始めた。この風習を「スバサシ」と言う。この二日間は仕事をしてはいけないことになっている。

一方、男達は久高ノロ家で祈願をした後、「ハッシヤ」代行が赤白の「ムカリバタ」を持ち、村の北はずれの「ボーンキャー」で神女たちを迎える準備をした。「ムカリバタ」とは、ムカデのような形をした三角旗で、周囲のギザギザが特徴である。幼い子供が小旗をもち、祖父と一緒に参列するのも慣わしであった。

神々の世界から人間の世界へと、神女たちは帰ってきた。この日だけは、島の北部が異界とされ、神女だけしか入ることができない。フボー御嶽《ウタキ》、中《ナカ》ヌ御嶽《ウタキ》をまわって、「ボーンキャー」の前の茂みで、頭にティサージと呼ばれる手拭いを身に付ける。北へとつづく道の彼方に、神女の行列が見えた。「唐舟ドーイ」が鳴り響く中、神女たちはクバ扇で払いながら、神の領域から集落に向けて近づいてくる。

神女は島人たちに「ボーンキャー」で迎えられ、村から災いが祓われたことを喜び、カチャーシーを踊った。久々に、沖縄本島から帰ってきた島人も、神女に招かれるように踊りだす。車椅子の老女も、手を懸命にこねる。外間殿に移動し、さらにカチャーシーとグゥルイを踊って、神々に厄払いの無事を報告した。

午後から「酒三合」の儀式が始まった。「酒三合」とは、厄払いを終えてから、若者たちが三線を弾きつつ、家々を回り、酒を三合づつ集める儀式である。家々から酒三合を集め、四時間ほどかけて、「チョンダラー」（道化）のような足取りで歌いながら練り歩く。集めたお酒は久高殿にもっていく。二〇〇五年だけは参加者が少なく行われなかった。二〇〇六年以降は観光客も担ぎ手の一人になって、酒三合の瓶を運び、集落をまわっていた。

夕日の傾く久高殿の広場「ウドゥンミャー」（御殿庭）に島人たちが集まり始めた。酒三合の一行が着くと、集めた酒を捧げ、神への祈りが始まった。その後で、島人全員でその酒をいただく。神と人とが共食する直会《なおらい》を思わせる宴が続いた。邪悪なものをすべて吹き飛ばそうと、宵まで島中の皆で踊ったのであった。

写真家の比嘉康雄氏は、久高島を記録する上で、「魂で島を受けとめる感性」が必要だという。それは、宗教哲学者の梅原猛氏との出会いで、気づかされた視点であった。一九九二年、比嘉氏は梅原氏を久高島に案内した。〈イザイホー〉の主祭場であった久高殿の「ウドゥンミャー」（御殿庭）に着くと、比嘉氏は「ハンアシャギ」（神の宮）の前に立ち、「七ツ橋を架けて、その橋を渡ったら、向こうは他界、こっちは現世だ」という解説をした。そのとき、梅原猛氏は神懸かりになったような状態になって、目の前に他界と現実が広がっているのを直感していたという。

比嘉康雄氏は「いわゆる〈魂の世界〉を感知する能力がないと、本質は分からない…ということを梅原先生から学んだ」（比嘉康雄『日本人の魂の原郷　ニライカナイへ』集英社新書）と言っている。異界を想像する力が、精神世界を創造する。まさに久高島の祭祀は、「異界の想像力」で支えられてきたと言ってもよい。

## 3　水神信仰・農耕儀礼

久高島の水神信仰は、農耕儀礼の「ソージマッティ」で垣間見られる。麦や粟の穂の出はじめるころに、豊作を願う農耕儀礼である。「ソージ」とは「禊」の意味で、神人は慎み精進して、厳粛な祈願をすることが必要とされる。ソージマッティは「男のマツリ」とも言われており、麦や粟の豊作を祈るとともに、男たちの健康も祈願し、豊作、豊漁、航海安全を願う「ムチメー」を唱える。

「カー」と呼ばれる井泉への拝みも行われ、一種の水神信仰となっている。祭祀をとりしきるウメーギや神役たちは、祭祀の前に井泉「ヤグルガー」の湧き水で身を清め、白い衣装に着替える。ウメーギは、「ヤグルガー」の水をサジですくい、ミキの膳の上を清める儀式も行う。

朝の拝み「アサマッティ」が始まる。外間殿の庭に、お粥「マブッチ」をのせたお膳を並べる。神人《カミンチュ》たちは、椀にミキを注ぎ、外間殿やイチャリグヮに持ってゆく。最後に、男の神役「根人《ニーチュ》」の座に運ぶ。

神人《カミンチュ》たちの祈りが、タムトゥ座で始まった。ウメーギが東に向かって拝み、「根人《ニーチュ》」も続く。ウメーギは、「ヤグルガー」の水をサジですくい、膳の上を清め、手を合わせ、豊作、豊漁、航海安全を願う「ムチメー」を唱える。タムトゥ座の神人たちも、ミキを捧げる。

その後、神役たちは久高殿の「ウドゥンミャー」（御殿庭）へと移動す

ソージマッティでお粥の盆を捧げる神女

る。庭の中央で神人たちがミキを注ぎ、ウプラトゥ家（大里）とシラタルの拝殿に運ぶ。神アシャギの中にいるウメーギと「根人《ニーチュ》」に捧げる。

ウメーギが東の「ニラーハラー」に向かって拝む。「ヤグルガー」の水をすくって振りまき、膳のお粥「マブッチ」を清める。「ニラーハラー」に向かって、ミキを捧げ、皆で頂く。「アサマッティ」の後、燻製小屋「バイカンヤー」の前で、神人《カミンチュ》たちはお供え物を共に食べた。

ソージマッティの他に「男のマツリ」と言われるのが農耕儀礼の「ハマシーグ」という行事であり、作物に有害な害虫を追い払う「虫祓い」の祭りである。ユランヌ浜（ユランバマ）近くの祭りの場に、夕方、人々は集ってくる。木蔭に御座をしいて、所定の場所に座る。村頭である「ハッシャ」が、小舟をつくり始めた。芭蕉の茎を割り箸でつなぎ、筏《イカダ》にしていく。今は帆をダンボールでつくっているが、むかしは帆を葉で作っていたという。板を削ってつくった舵もつける。庭や畑で作物に付く虫たちを捕まえ、葉に包んで小舟に乗せる。

ハマシーグで虫祓いをする島人

虫祓いの祈りが始まり、作物の無事な成長を祈願する。「ハッシャ」が神役たちにお酒を振る舞うと、島人たちは、持ち寄ったご馳走を共に食べ始め、静かなひと時が流れた。村頭のひとりが、ユランヌ浜（ユランバマ）に降り、虫たちを西の海へと流し、見送り、異界へ害虫を送り返した。

ところで粟国島の場合は、虫祓いの行事を「ハマラー」と呼び、祭祀の日の午後から区長の指示によって辻々の道にでて、「牛馬、山羊《ヒーヂャー》、浜ンカイ、ウルシンソーリヨー」と触れまわった。そうすると、島人たちは家々から弁当を持って、牛、馬、山羊を連れ近くの海辺に連れて行き、砂場につないでは、子供たちと弁当を食べて海辺で半日を遊んだという。そして日没前に、区長が「牛、馬、山羊上ギンソーリヨー」と触れ告ぐと、島人たちは牛、馬、山羊を連れて家に帰ったという。

この行事の由来は、牛、馬、山羊が平常、野原にて農作物を荒らしたり害したりするため、その罪の償いとして罰せられ、浜の砂場にて青物を一切喰べさせずに、斎戒するものであるという。それが発展する形で、沖縄本島の国頭地方では、旧暦四月におこなう「畦払い《アブシバライ》」という行事が広まった。村民総出で、ねずみ、いなご等を捕えて、芭蕉の葉柄で作った小舟に乗せ、ノロ、神人、あるいは根神たちが祈願して海に流した。

久米島の具志川区では、老若男女が海辺に出て、牛、馬を出し、「祝女《ノロ》」は作物の害虫を一ケ所に集め、豊年を祈願して、虫払いのために集めた害虫を海に流す行事が行われていた。また久米島の仲里区では虫払いを「アブシバレー」（畦払）ともいい、かつての人は害虫を神々に祈願して、遠い海の彼方の「ニライカナイ」へ行くように…と呪言《マジナイ》をかけて流したとされる。

久高島では「ハマシーグ」が畦払い、粟国村では「ハマラー」が虫払いの行事として、同じ内容の祭祀として行われている。『琉球国由来記』には、粟国島では四月の「アブシ払い」の儀式は島に田が無いのでやらないという旨が記されているが、二月から三月にかけて行われる「虫ンロ」という行事が代わりにあり、害虫駆除を願う儀式を行っていたという。

このように島の日常生活において、原点回帰する祭りに関しては農耕儀礼を見ていくと古くからある行事が浮かび上ってくる。麦や粟の穂が出始めるころに豊作を願う祭祀「ソージマッティ」は、農耕儀礼の代表例であろう。「イザイホー」を受けた最後の神人たちも、この「ソージマッティ」の前は、自分の汚れをなくすために、肉などを抜いて、野菜、穀物しか食べないようにし、身をきれいにして臨んでいた。そうして清めた身で「ソージマッティ」を行っている。そこでもやはり重要なのは水となる。「カー」

(泉)の水神に祈って、水をいただき汚れを祓う。水に浄化の力があるのは琉球弧の共通の認識であり、そういった根源的な儀礼は残り続けていた。

## 4　来訪神信仰

　五穀や豊穣への祈りは、来訪神が異界から来る瞬間、それが人間に憑依したり、人間に宿ることで、神話の空間と時間が祭りの中で再現される。久高島の行事で来訪神信仰と関係するのが、「ハンジャナシー」という祭祀である。「ハンジャナシー」は北の季節風の「ミーニシ」と、南の季節風「カーチーベー」が吹くときに行われる行事である。沖縄では、旧暦四月の「カーチーベー」を「夏至南風」と書き、旧暦一〇月の「ミーニシ」を「新北風」と記す。

　この由来を島人たちに訪ね歩くと、その時期にはまさに南から人が来たり、北から人が来たりすることが多く、その名残りや記憶を祭りに封じ込めたものだという。その際にまつられている神々には、「ヒーチョーザ」(雷の神)、「アガリウプヌシ」(東大主)、「ファガナシーヌクヮガミ」(子孫繁栄の神)などが列挙される。その中でも「アガリウプヌシ」は非常に大きな力を持っていて、「ニライカナイ」の主神であるとされた。沖縄では海の彼方に異界「ニライカナイ」があって、そこから全ての豊穣や繁栄がもたらされる…と考えられていた。海の向こうから来る人たち、つまり「マレビト」(来訪神)というのは、非常に

ハンジャナシーの神々を演じる神女たち

ありがたい存在であるといわれている。

また「ウプヌシガナシー」は他界信仰と関わり、これは久高島でも非常に重要な行事である。「ウプヌシ」は大主と書き、「ガナシー」は神に対する尊敬語である。したがって「ウプヌシガナシー」というのは〈ニライカナイの大神様〉というような、神の名前でもあり、また行事の名前ともなっている。沖縄で「ニライカナイ」は一般的に知られているが、久高島では「ニラーハラー」と呼ぶことが多く、「ニライウプヌシ」が「ニライカナイ」の支配神であると考えられていた。その神を迎えてお送りするのがこの行事で、非常に重要な祭りとなったと考えられる。

この行事が重要なのは、久高島の「伊敷浜」という聖域に、五穀の入った白い壷が流れ着いてきて、琉球全土に広まったという伝説と結びついているからである。「ウプヌシガナシー」をする前に、ウメーギという神女が祭りの最初に行く場所というのが「ヤグルガー」で、水で自身の体を清める。ウメーギは、もともと「ノロ」の補佐役であったが、いまは「ノロ」がいないので、ウメーギが事実上の中心的な存在になっている。

集落を回って祓い清める神女

昔の先祖が行ってきた記憶は、女性を中心とした神人たちによって祭りで再現される。それが「ユガフー」(世果報)と結びつく。イザイホーがなくなっても、こういった「ウプヌシガナシー」や「ハンジャナシー」、「ソージマッティ」という祭祀が原点回帰への道しるべを示している。

北の季節風の「ミーニシ」が吹きはじめる旧暦一〇月に「ハンジャナシー」が行われていた。明け方、外間殿の庭に、赤と青の衣装を着た神女の「ハンジャナシー」が現れた。海の彼方の他界「ニラーハラー」の神々は、神女たちに霊力をさずけ、集落を祓い清めると想像されている。

かつての島人たちは外国人を全て「ウランタ」（オランダの呼称）と言っていた。海外から来た人と島の女が交わり、それによって多様性を担保していくという名残りが島々にはあったという。島人たちは海外から来た人、すなわち海の彼方から来た人を非常に重んじた。島の中で血縁が完結してしまうと、遺伝子的に良くないからである。要するに血の多様性を求めるために、外から来る人に対して歓待していた文化が離島にはあったという。「ハンジャナシー」もその名残ではないかと考えられる。

島人たちが眠る朝早く、外間殿の庭に、「ニラーハラー」から訪れた神々に扮した神役が現れる。外間殿で神人と根人が「ハンジャナシー」の到着を待っている。「ハンジャナシー」とは「ニラーハラー」の神々の総称で「アカハンジャナシー」とも言う。「アカハンジャナシー」は赤と青の衣装を着て外間殿に集まる。アカハンジャナシーはスバを二束ずつ持ち神人全員と礼拝する。その後、ウメーギの太鼓の音と共に「ホイ、ホーイ」と言い、スバを上下させながら足踏みの仕草をする。

「ニラーハラー」の神々は、神役に霊力をさずけ、集落を祓い清める。神役たちは、茅の束「スバ」を両手に持ち、上下に振りながら、「ホイ、ホーイ」と掛け声を発する。太鼓の合図とともに外間殿から「アマミヤ」が、〈シマグゥシナー〉という棒を持って出現した。外間殿を出発するとすぐに「ハンジャナシー」と「アマミヤ」が時計の方向に周る。その後、ウメーギを先頭に集落を清め、西のユランヌ浜（ユランバマ）に向かった。

神々に扮した神役たちは、ウメーギの太鼓にあわせ、円陣をくんで時計周り（右回り）に回る。この時、御祓いの言葉を唱える。その後、浜の入り口で二手に分かれ集落を包むように行進し外間殿に向かう。二手にわかれた行列は島を一巡し、ムラの東と西を祓い清めながら、外間殿で合流する。徳仁港の前を通り島の真ん中あたりを行進するのは、外間集落に属するグループである。一方、島の北西を通り久高殿の前を行進するのは、久高集落に属するグループである。

「ニラーハラー」から神が来訪し、島を祓い清め、人々の平安をもたらす。外間殿で合流したグループは、四列に並び東西南北の神々に祭りの終了を報告する。島を訪れた神々は、翌日の「ムリーバー」という神送りの儀式によって、「ニラーハラー」に帰って行くと想像されている。「ノロ」制度が出来るよりずっと古くから続く、古代からの祭りであると考えられている。

旧暦九月の「ハンジャナシー」の前日、「ムムハメー」の儀式の準備が、久高殿の神アシャギで行われた。お供え物は、お米でつくった「ハサキーンバイ」と、海蛇「イラブー」の料理であった。琉球王朝時代、燻製した「イラブー」は高級な献上品のひとつでもあった。

「イラブー」の豊漁を感謝し、燻製小屋「バイカンヤー」に祈りを捧げる。「ハッシャ」（村頭）が「根人《ニーチュ》」やウメーギを招き、「イラブー」の初物を振る舞った。「イラブー」も海と陸をつなぐ神として崇められ、来訪する竜宮神の化身のような存在として扱われていた。

## 5　他界信仰

季節風と海流に寄り添い、久高島の人々は生きてきた。自然との暮らしの中から、祈りが生まれ、年中行事となったのである。久高島では、「ウプヌシガナシー」という祭祀は、海上の他界「ニラーハラー」の神様〈ニライウプヌシ〉に由来する名称である。かってはこの神役は仕事をすることも、夫婦で暮らすこともできなかった。そのため、今はこの神役を引き受ける人はいない。「ウプヌシガナシー」は旧暦二月に御願立て、一二月に御願結びが対になって行われ、祈願結びでは、夜明け前より供え物のおにぎりが外間・久高の両ノロ家、外間殿そして「イチャリグワー」と大里家でつくられる。

伊敷浜《イシキバマ》は、「ニラーハラー」に一番近い聖地とされている。神役たちは浜辺に下り、四つの膳に米を盛った「ンバイ」を捧げる。祈願のあと、波に打ち上げられた小石を、女たちは「お守りの石」として拾い集める。家の男たちの健康を願い、男ひとりに三個ずつ石を拾うのが慣わしである。「ニラーハラー」の霊力が石に籠もっているとされ、一年間のお守りにする。

伊敷浜で祈りを捧げるた後、石を拾う島人たち

島に伝わる「白い壷」の伝説は、身の潔斎のことで先にも述べたが、次のような他界信仰もあった。

……大昔、白い壷が伊敷浜に流れてきた。壷を見つけたのはアカツミーという男である。何度、壷を取ろうとしても沖合いに行ってしまい取れない。家に帰りそのことをシマリバーという女に話した。シマリバーは「ヤグルガーで身を清め、白い着物で行くと取れる」と教えてくれた。アカツミーは教え通りにして、再び伊敷浜に行った。

するとと何と着物の中に壷が入ってきたという。その中には五穀の種が入っていた。この種を「ハタス」というところに蒔いたのが作物の始まりと言われる……

一年の御願いをする儀礼である「ウプヌシガナシー」では、五穀の種を蒔いた「ハタス」にも祈りを捧げる。「ニラーハラー」の最高神「ニライウプヌシ」に、一年間の海の安全と男たちの健康を祈願する。御願立てでは、伊敷浜でお守りにする小石を拾い集め、御願結びで小石を浜に返す。

朝、外間ノロ家より感謝の祈りが始まる。その後、久高ノロ家、外間殿、イチャリグワー、シラタル宮、大里家と回る。大里家での祈りを終えると、神人はヤグルガー、ハタス、インニナー、アカララキを二手に分かれて回った。

アミドゥシの七ツ屋

祭りの最後は伊敷浜で行われるが、老婆たちが乳母車をひき浜の入口に立っていた。島人がお守りの小石を返そうと待っていたのである。二手に分かれた神人《カミンチュ》たちは伊敷浜で一緒になる。合流した神女はまず拝所で祈る。小石を浜に返しひとつのめぐりが終わる。このように、久高島では昔からの伝統が今もいきづいているのである。

久高島の「アミドゥシ」は、海の彼方からやってきた先祖が、島建てをした神話に基づく祭祀である。島立てをしたといわれるシラタル、ファーガナシー兄弟が百名から徳仁港に渡り、七回宿を変えて生活したという伝説がある。「アミドゥシ」ではそれに倣い、徳仁港の斜面に男たちが小さな簡易小屋「ヤドゥイ」を七つ建てて、祖霊を想う行事を行ってきた。「ヤドゥイ」にはそれぞれ名前があり、各自に関係する屋号に集まって食事をする。

朝から漁に出ていた船が帰ってきた。まず取れた魚は、徳仁港の聖域である「イシムイグァ」の前に集められる。魚は各ヤドゥイの祈願用に七匹と、久高ノロ家・外間ノロ家・外間殿用に三組に分け、残りをヤドゥイの数に分けていく。ヤドゥイ用の魚は男たちが、刺身にしたり、そのまま焼魚にしていく。神酒は、ひとつひとつのヤドゥイから出され、海岸沿いに東西一列に並べられる。これは「フカラク」といい、刺身三切れをユウナの葉に包み、竜宮神に捧げるお供えものであった。

男たちの合図を待って、神女が浜に下りてきた。竜宮神と「ニラーハラー」に大漁と航海安全を祈願する。そして、東西に並べられた神酒を西側から捧げつつ、七つの家々の繁栄を祈っていく。神酒はその後にヤドゥイに捧げられ、年齢順に振る舞われた。

テーラガーミでハンチャタイに集った男たち

久高島の行事の中で漁業に関するものについては、「アミドゥシ」の他にも「テーラガーミ」のように女性は港に入らず、男性が中心となる祭祀がある。
「テーラガーミ」は旧暦の八月に行われ、海人たちが朝早くから追い込み漁「アンテイキャー」に出ていく。男たちが大漁旗を振って帰ってくると、採れた魚をすぐに港にあげ、島人たちが総出で刺身にする。刺身にしない魚もあり、古い家に供える分と漁に出たものに分けられる。
夕方、集落のほぼ中心にある「ハンチャタイ」に、五〇歳から七〇歳の男性の「ウプシュ」が集まった。「ウプシュ」達はティィルルを歌い終わると、年齢順に一列に並び、決められた道を通りユランヌ浜（ユランバマ）に向かう。浜に着くと、午前中にさばいた刺身と神酒をいただき、海に向かって祈りを捧げた。「ウプシュ」達は根人を先頭に、浜からティルルを歌いながら久高殿へ向かった。皆で祈りを捧げた後で、久高殿の庭で神人たちとグゥルイを踊った。その後で「ウプシュ」達は一度家に帰って着替え、ユランヌ浜（ユランバマ）に再度集まった。このときは女性は浜には入れず、浜の外で刺身をもらい受ける。最後に浜で子供たちの相撲が始まると、女性たちも浜に下りてきて、夕暮れまで祭りの余興を楽しんでいた。

他界と島人のつながりは、海を駆けめぐる男性たちの祈りと、島を守る女性たちの祈りが重なって、祭祀の中で神話とともに伝承されてきたのである。首里王朝から見て、真東にあるのが久高島であった。「ティダガナシー」（太陽の神）が再生する方角であり、国王の権力を象徴的に重ねるかたちで、久高島を崇拝していたのである。それは、エジプトの「ラー」（太陽神）への信仰と同じで、やはり権力を絶対的なものとして位置づけ、太陽の力を欲しがった歴史とも結びついてこよう。世界中のどこでも同じような信仰が見られるが、特に首里王朝から見て、久高島から太陽が昇るがゆえに、久高島から「ノロ」（祝女）を出すことが、非常に重要であったと考えられる。

## 6　オナリ神とエケリ神

久高島の名を〈神の島〉として広めた代表的な祭りとして、〈イザイホー〉があることは何度も触れた。この祭りは一二年に一度午年に行われ、島で生まれ育った三〇歳から四一歳までの女性が、霊力《セジ》を受け継ぎ、神人となる儀式である。

沖縄諸島においては、神人《カミンチュ》のような神女による祭祀活動がよく見られるが、中心となるのは「ノロ」や「ツカサ」などと呼ばれる女性シャーマンであった。沖縄本島では「祝女《ノロ》」、八重山では「司《ツカサ》」（カンツカサ）と名付けられた女性の神職者である。

「オナリ神《がみ》」信仰とは、沖縄諸島と奄美諸島にみられる習俗である。「オナリ」は、「エケリ」（兄弟）に対して姉妹をさす語である。姉妹に兄弟を守護する霊力があるとする信仰があり、古くから、男子が航海などに出るとき、その姉妹の手織りの手拭いや毛髪などを護符として身につけていく習慣があった。一般に、姉妹には兄弟を霊的に守護する力があるという信仰は、その霊性を表して「オナリ神」と呼ばれていた。稲の播種《はしゅ》儀礼や収穫儀礼、法事などの家の行事に、その家で生まれた娘が、他家へ嫁した後まで、司祭者的役割を演じていた集落もあり、供物の儀礼に関わることも多かった。

久高島の「ヒータチ」は「オナリ神」信仰と強くかかわる儀式を伴うが、また竜宮神を司る「ソールイガナシー」の大漁祈願の祭りでもあった。追い込み漁の指揮者が、サバニの前方「ヒー」に立つことが由来とされている。もともとは、「ソールイガナシー」が神人《カミンチュ》に祈願をお願いしていたが、二〇〇二年を最後に「ソールイガナシー」は不在となっている。

神人たちは、外間殿で拝みを済ませ、「ヤグルガー」の湧き水で身を清め、「フボー御嶽《ウタキ》」に入っていった。「フボー御嶽《ウタキ》」は、久高島でもっとも大きな御願所《ウガンジョ》である。〈イザイホー〉で神人になった女たちは、七〇歳になると、この場所で退任をする。御嶽《ウタキ》は、女たちが祈願や祭りを行う所で、原則として男たちは

ヒータチでカベールに祈りを捧げる神女

入れない。森の中は神が宿る石や木があるだけである。
神人たちは、「フボー御嶽《ウタキ》」で白い衣装に着替え、北の突端「カベール」へと向かう。かつては、神女たちが行列をなして、「カベール」の岬を目指していた。「カベール」は〈神の原〉という意味で、白馬の姿をした海の神が、降りたった場所と信じられている。

「カベール」に到着すると、つる草の束と頭にかぶるハブイをつくり始める。それから「ハブイシー」という岩場に移動する。この年の神人は三名だが、以前は数十名の女性たちが、「カベール」から竜宮神への礼拝をしていた。

ウメーギは大漁を祈願して、岩につる草の束を振り下ろした。岩を叩くのは、追い込み漁で海面を叩いて魚を追い込んだ時の仕草を表していると言われている。三ヵ所の岩場での祈りが終わると、神人全員、頭からハブイ（草で作った冠）をはずし、持ち寄ったご馳走を食べる。再び「フボー御嶽《ウタキ》」で祈りを済ませた後、島のほぼ中央にある「ナカヌウタキ」で「ヒータチ」の終わりを神々に告げる。「オナリ神」としての役割として、海での安全や豊漁のお願いを男性に代わって行っているのである。竜宮神を崇め、季節風に祈り、大地に祈り、五穀豊穣と子孫繁栄を願うのである。

女性は神人《カミンチュ》になり、琉球王朝のため、シマのため、家族のため、男たちのために祈りを捧げてきた。琉球王朝が滅んだあとも〈イザイホー〉という儀式はつづき、女たちは、島の祭りを守ってきた。男たちは海とのつながりを、女たちは大地とのつながりを大切にしてきた。神女となった島の女たちは、七〇歳になると任務を終える。二〇〇八年は、神人たちは残り三名となり、神に仕える役割だけが残され、最後の一年の神行事を全うした。

また男の祭祀を司る役職が「ソールイガナシ」で、漁撈の神役とも言われる。二〇〇三年、「ソールイガナシー」の退任式があった。本来は任期二年の「ソールイガナシー」だが、福地友行氏は後継者がいな

最後のソールイガナシーの家・福地家

かったので、三年間も務めた。香炉を久高ノロ家に返す。先代から受け継いだ帽子と帯を返し、無事大役を終えた。妻の洋子氏が「三年間、ご苦労様でした」と労った。

古くから竜宮神に仕え、漁労祭祀を司ってきた「ソールイガナシー」の神役がここで途絶えた。祀り手を失った海の神…。女性たちの祭りの〈イザイホー〉に続いて、男性たちの祭りと漁業を司る「ソールイガナシー」の伝統も絶えてしまった。しかし、人々の暮らしに結びついた祭りは現在も続いている。久高島では一年間に二〇にも及ぶ祭りが、いまも、行われているのである。

神人に宿る「オナリ神」とは、もともとは沖縄最高の神女たる聞得大君《きこえおおきみ》に王族の女性が就任し、国家の繁栄と守護を願う存在となったことに結びついてくる。一方で村々では、旧家の根屋《ニーヤ》の男子が根人《ニーチュ》という村の長役になり、女子が根神《ニーガン》という神女の長になって、村や島の守護霊としての役割を果たしてきた。「ノロ」の頂点に立つのが、琉球王国の最高祭祀者である聞得大君《きこえおおきみ》であった。この女性は国王の姉妹より選ばれ、国王並びに国を守護する力を期待された。神官としての女性と、共同体をまとめるその兄弟という関係であった。この「オナリ神」信仰は姉妹兄弟間の身近な守護関係だけでなく、広い見方をすれば女性と男性の守護関係と捉えられる。つまり男性にとって女性は、霊的な守りを与えてくれる存在と信じられているのである。

霊力のことを「セジ」と呼び、「オナリ神」や「ノロ」・「ユタ」として信仰を集める女性は、男性より高い「セジ」を備えているとされた。ただこの「セジ」という霊力は特別なものではなく、人間は誰でも多かれ少なかれ「セジ」を持ち、また自分以外の「セジ」の影響を受けると考えられてきたのである。またこの「セジ」は、人間の中から生まれるものというよりは、外部から与えられるものと考えられている。例えば、ある日突然神がかりする「ユタ」のように、自分の好むと好まざるとに関わらず高い「セジ」を与えられる人もいる。さらに、この「セジ」は人から人へと受け継がれる。神事に携わる女性が祖先より「セジ」を受け継ぐ行事、それが〈イザイホー〉であった。

「セジ」によって女性が男性より優位に立つとする関係は、兄弟と姉妹の間でも顕著にあらわれるとする。これが「オナリ神」信仰の原型である。「オナリ神」信仰では、兄弟である「エケリ」に対して姉妹である「オナリ」が霊的に優位に立ち、兄弟を護り祝福する霊力を持つと信じられてきた。オナリ神の問題を最初に学問の課題として体系化されたのは柳田國男氏の『妹の力』であった。

柳田氏が『妹の力』(一九四〇年)収載の論文で先鞭をつけ、伊波普猷氏がそのあとを受けて解明をすすめた課題でもあった。「一国民俗学」を信念とした柳田氏は、「オナリ神」の源流を日本の外に求めることはしなかったが、その影響下に戦後この問題にとりくんだ社会人類学者の馬渕東一氏は、東南アジアとの関係を強調した(「沖縄先島のオナリ神」『日本民俗学』、一九五五年)。

久高島では、二〇〇八年の最後に〈イザイホー〉を経験した神人が途絶えても、女たちは新たな体制で祈りを続けている。季節風と海流に寄り添い、久高島の人々は生きてきた。自然との暮らしの中から、祈りが生まれ、年中行事となったのである。

「フバワク」とは、一年を結ぶ行事である。また、女性の神人の退任式でもある。「フバワク」のフバは〈クバの木〉を意味し、ワクは〈切り払うこと〉を意味する。普段、木の葉を取ることも出来ない御嶽《ウタキ》であるが、この日はスベーラキからカベールウタキ、アグルラキ、ウガミグヮを周り清掃をしていく。この祭りでは、七〇歳を迎えた神女の退任式や交替式が行われていたが、二〇〇五年は該当者がいないため、行われなかった。

集落内では長い竿鎌を使って、外間殿裏、大里家裏でクバを切り、次の日の祭の準備をする。翌朝、神女はハンザァナ山、クンブチ山、ウプンディ山をまわり祈願を行った。ハンザァナ山では前日に用意されたクバの葉を手に持ち、ウメーギの太鼓とともに祈りが始まった。その後、クバの葉を二人一組で持ち二列になり祈った。

男性の神役である根人《ニーチュ》も、クバの上に座り、南の方向に祈りを始める。ティルルを小声で歌い、そして葉をもつ手を円を描くように動かす。手の仕草は木を切る仕草を表しているという。

御嶽《ウタキ》回りが終わると一度家に帰り、紺色の衣装を着て再び久高殿に集まる。前日に準備されたクバの葉の上には、根人、神人が座り、お神酒を頂いた。祭りの最後には「ソールイガナシー」の振る舞いがあるが、近年は行われていない。かつては「ソールイガナシー」が、神酒とスクガラスを振る舞うという儀式を執り行ったという。二〇〇五年以降は「ミキウサゲ」のみが行われていた。

近畿から九州にかけて祭りの供物を用意する女性がいるが、小島瓔禮氏によれば、「オナリ」、「ウナリ」との関係があるかもしれないという。神は琉球弧の宗教観念に留まらず、姉妹に兄弟を守護する霊威があるという信仰として日本本土にもあるということになる。「オナリ神」信仰は沖縄全体に古くから根付いており、例えば遠方で危難に遭った兄を救うために、妹が白鳥となって救いに行く…という伝説が語り継がれている。

谷川健一氏はさらに「オナリ神」信仰は叔母と甥の関係にも見られるとして、トヨタマヒメの子ウガヤ

フバワクで御嶽を回る神女

フキアエズが、トヨタマヒメの妹タマヨリヒメと結婚した例を挙げている。こういう観念は、沖縄諸島では日常生活の中にも生きており、兄弟に関して、姉妹の発言が尊重されることもある。農村では、稲の収穫儀礼や播種《はしゅ》儀礼、先祖の供養などを「オナリ神」の姉妹が祈る事例が多くある。

古代から沖縄では女性は巫女《みこ》の役割を持ち、男兄弟が航海や戦争という命の危険を伴う場所へ向かう際、彼らに災いがないよう加護するのが任務とされた。「ノロ」は国や村の公的祭祀を司り、「ユタ」は日常生活でのまじない事を請け負う存在であった。巫女だけでなく、沖縄では女性全般に特別な力が宿ると信じられ、「オナリ神」信仰が存在していたのである。

「オナリ神」信仰について、谷川健一氏は『日本の神々』（岩波新書、一九九九年）の中で、沖縄等に伝わる姉妹が兄弟の守護神と記紀神話の兄妹の相思関係との関連を記している。一九七〇年代まで久高島で行われていた〈イザイホー〉の祭りで、「ナンチュ」の守護神が下りてきて兄と妹を対面させ結び合わせると、妹は兄を守護する「オナリ神」になるという。

久高島の信仰では、姉妹は兄弟に対して霊的に守護する力を有するという観念を骨子とした、いわゆる「オナリ神」信仰が存在し、それが〈イザイホー〉の根幹を成している。旅に出る兄弟の守護のために、姉妹が自ら織った「ティサジ」という織物を贈る習俗や、兄弟の家の農耕儀礼に姉妹が深く関わり、その結果として豊穣がもたらされるという観念もあったという。

聞得大君、もしくは国王の奥方にあたる人が、ノロ（祝女）という神人制度の頂点に立っていたが、それを任命制にして久高島からも輩出させていた。ところが、琉球処分にあって琉球王朝は滅び、一四〇年も経ったが、四〇数年前までは「ノロ」を生み出す〈イザイホー〉が残っていた。王や国家を祈り守るという女性の力をあてにしていた名残りが、一九七八年まで久高島には存在していたのである。

沖縄県内では、〈イザイホー〉を復活すべきであると、島人たちに期待する人も多いが、おそらく昔のままの形は不可能であろう。ただ現実的な問題として、昔の形での神人の加入儀礼は復活できないが、むしろ、琉球王朝の影響がない儀礼として再生するのかもしれない。実際に、神人候補の若い女性が神懸かり、島の長老たちの承認を得て、旧来のプロセスを経ずに神女が誕生している。

琉球弧に広く分布する「オナリ神」信仰が礎となり、家、親族集団、王国時代の国家のいずれのレベルにおいても、宗教的役割のほとんどは女性たちが担うという状況が形成されてきたのである。

# 第三章　粟国島の祭祀・儀礼

粟国島《あぐにじま》は、那覇の泊港から大型フェリーで二時間ほどの海上に浮かぶ島である。現在も火葬場が無く、埋葬・洗骨の複葬制の風習が残る島である。また、埋葬は仰臥屈葬の形態をとることなどから、独自の信仰体系を持った地域であるとも考えられる。粟国島最大の年中祭祀である「ヤガン折目《ウユミ》」や、関連する拝所を見ていくと、粟国島における他界観の理解を深めるとともに、祭りのために帰島する粟国島の島人たちから世界観が浮かび上がってくる。

島の集落は港に面した島の南側に集中しており、東から、浜集落・東集落・西集落の三つの集落に分かれている。浜集落から東にむかって急な坂になっているので、那覇側の沖合から眺めると粟国島は左肩上がりに見える。港のある浜集落から西側の高台に向かって坂が続いている。

この島の集落に特徴的なのは、「トゥージー」と呼ばれる岩をくりぬいて作った水甕、そして、家屋を取り囲む木と絡み合った石積みの塀があることである。そして、集落の至る処に設けられた拝所《ウガンジョ》は、島の大祭である「ヤガン折目」の際に巡拝が行われる。

沖縄本島では水源を確保するために、屋根から樋を引いて雨水を貯めるために用いていたコンクリート製の水槽をしばしば目にする。かつて粟国島では海岸沿いの岩場から切り出したヤヒジャという岩石でつくる水甕が一般的であり、「トゥージーサラー」と呼ばれる。粟国島には井戸が海岸沿いにしかなく、塩

軒先にあるトゥージー

水が混じっていて飲み水には適さないため、真水は大変貴重なものであった。海沿いの井戸で汲んだ水で淹れるとお茶は塩味がした…と島の年配者は語っていた。

沖縄の南国的な風景とは裏腹に、トゥージーは本州の苔むしたお寺の庭に置かれた石鉢を思わせる情景を作り、独特の存在感がある。小型のものは民家だけでなく、御嶽《ウタキ》に置かれていることもある。大きさにもよるが、岩を切り出し、それを穿って作るトゥージーが完成するまでには、一ヵ月近くを要したという。完成してからも家に運ぶまでが大変な労力である。二本の棒の間に縄で固定して船で運び、海岸からは六〇人の人足を使って運び上げたという話を聞いた。

そして、トゥージーが庭に運び込まれると、それを祝って宴が設けられたというから、その入手が一家の一大事であったことが伺われる。トゥージーは長男のみが継承できるもので、二男・三男は自分で所帯を持つときには、新たに作る必要があった。立派なトゥージーのある一家は財産のある家というように、貧富の差を象徴的に示すものでもあったようだ。

現在のトゥージーは、自然にたまった雨水を利用して庭木に水をやったりするために用いられる程度で、実用的な意味はあまりもっていない。現在の粟国島では、海水を真水にするという技術が導入され、水道水が供給されるからである。

## 1　粟国島ノートの再発見

写真家の比嘉康雄氏の『神々の古層8・異界の神ヤガンの来訪・ヤガンウユミ・粟国島』（ニライ社、一九九一年）によれば、現地で発掘した研究ノートが存在しているという。二〇一三年七月に、私たちは幻の浦崎ノートを偶然にも島で見つけ、島外に出回っていないノートを「再発見」することとなった。それを保存していた浦崎ミヨ氏は、ヤガン神および洗骨について語ってくれた。

沖縄本島の北部地域では、洗骨を旧暦七月一三日前後、あるいは大きな祭祀の前後に行うところが多いが、粟国島では死後四年目に洗骨するのが普通であり、ユタが七月から八月の間で日取りを決めるものだという。埋葬体のまま三回忌を迎え、その一年後に洗骨する。ちなみに、同じ屈葬の風習のある与論島でも、ユタが洗骨の日取りを決めている。

郷土史研究家であった浦崎春雄氏は、粟国島に関する手書きの民俗資料を数冊残しており、『粟国村　年中行事』という題名で自家版で製本して親族のみに配っていた。その資料の中には、粟国島の葬制・墓制に関する記述もあった。さらに彼の姪にあたる伊佐ミツ子氏から、「ヤガン折目《ユイミ》」の神迎え、粟国島のノロ（祝女）制度などについて聞き取りをして、神役とユタの関係性を伺うことができた。

伊佐ミツ子氏によれば、二〇一二年の時点では神役は七名であり、うち二人はユタで姉妹であり、年齢構成は五〇代から七三歳となっていた。二〇一三年の「ヤガン折目《ウユミ》」では、一名が欠席して六名で執り行っ

粟国島の遠景

ていた。欠席した一名は神奈川県在住であるが、神役となり毎回祭祀には参加していたという。ちなみに神役は、伝統的かつ正式なノロ（祝女）ではなく、ノロ制度の廃止とともに、ノロ家の血筋や血縁のある神役と自認する人が名乗っている。

「ヤガン折目」という、琉球諸島では珍しい〈荒ぶる神〉の来訪神祭祀があるが、その他には「虫ン口止門《ムシンクチ・トゥミゾー》」という木に括り付けたネズミを海に沈める祭祀などがある。粟国島最大の年中祭祀である「ヤガン折目《ウユミ》」と関連する拝所を俯瞰することで、粟国島における他界観を描き出してみたい。

浦崎春雄氏の本は『粟国村　年中行事』だけでなく、その他に、遺族の浦崎ミヨ氏が所蔵する『粟国村誌』上下二巻がある。粟国島の葬制や墓については、この浦崎春雄氏の書き残した『粟国村誌』に非常に詳しく書かれており、本書の中で引用させていただいた。

また、沖縄の写真を撮り続けた写真家の比嘉康雄氏の写真集『異界の神ヤガンの来訪』の本文には「浦崎春夫氏ノートより」という脚注が数多く残されており、比嘉氏もまた生前の浦崎春雄氏を主たる情報提供者としていたことが伺えた。浦崎ミヨ氏によれば、浦崎春雄氏の亡骸もまた沖縄本島からフェリーに乗せられて粟国島に戻り、古くからの島のしきたりどおり葬られたとのことであった。

## 2　伝説と来訪神

粟国島の「ヤガン折目《ウユミ》」という祭りに、山から神様を迎える儀式がある。島人によれば、「祭りに行けば神様が来るのが見える」のだという。一番多いのは「神様は人魂の形で見えるのだ」という事例である。

「ぼうっと火が見える。人の形はしていないけれど、おりてきて座るのが見える」とか、「風が止まるのでわかる」といったケースも見受けられる。このように「神様が来た」と共有することで、島人が来訪神を迎え入れる行事であった。

ある島人は「ノロが『神が来た』と言ったときに流れ星が流れた」と言い、別の島人は「去年も八時二分に神が来て、いまもう御神酒を配っていて八時五分だから、今年も八時二分頃かな」と声を発する。島人たちが、神の顕現について語らって賑わう風景があった。区長の挨拶が始まり、「八時八分、今年も粟国島に山の神様が来てくださいました」と述べ、参加者たちは共通認識を得る。

島の年寄りでも「毎年見える。今年も勿論見えた」という人もいれば、「一度も見えたことはない」という人もいる。夕暮れ時から星が見え始めるまで一時間ほど神を迎える儀式を続ける。その間に空の色が変化していき漆黒の闇に包まれていく。

島最大の祭祀「ヤガン折目《ウユミ》」は、毎年旧暦の六月二四日から三日間行われる。二日目は同じ要領で「火ヌ神」を、三日目は「ヤガンの神」を迎える。

この「ヤガン折目《ウユミ》」は、琉球諸島の島々の中でも珍しい〈荒ぶる神〉（人間に危害を加える乱暴な神）の来訪神の祭りである。つまり、神に感謝し神に祈願するための祭りではなく、「神を畏れ鎮めるため」の祭祀とも言える。

「ヤガン折目」の由来譚によれば、かつて粟国島の北側の野巌原《ヤガンバル》で、畑の作業にきた人々が荒ぶる神に目をえぐられたり、鼻をそがれたり、また妊婦は流産させられたりしたため、島人たちが沖縄本島北部の今帰《なき》

ヤガン折目の神行事

仁城《じんぐすく》の王に何とか神の怒りを収めてほしいと願いに行ったという。王が家来の平敷大主《へしきうふしゅ》にこの荒ぶる神の怒りを納めるように命じたことに由来するとしており、この祭りがそもそもは、健康や豊穣を祈願するものとは全く違う性質をもつものであったことが理解できる。

「ヤガン折目」では旧暦六月二六日に〈ヤマン神〉を迎え、ヤガンの御嶽に鎮座される神に案内を乞う。夕刻の七時ごろ、ノロ、神人、区長、耕作当は「イキントー池《ガー》」の前に集まり、ノロ、神人たちは「ウガン入口の拝所」に向かう。その時から大正池（ミーガー）から帰る人たちが、「ウガン拝所」の前から通るのを禁止していた。耕作当は、「ウガン拝所」への登り口に立ち番をして、別の道より帰るようにさせていたという。

拝所で拝む神人

日没の時刻になると、「ウガン拝所」においてノロ方によって祈願がなされる。先ずノロが香を焚き、祈願をする。

「今年も嘉例のヤガン折目《ウユミ》の節になりました。二六日の佳《ユ》かる日、勝る日に神酒《ミチィ》、バーヰも、たくさん御用意してあります。御神加那志前《ウカミガナシーメー》が御来臨なされ、島中の御万人《ウマンチュ》に拝まれて下さる様お願い申し上げます」と唱えるという。

そう祈願することによって、「ヤガン」に鎮座される神の御示現があると信じられている。その御示現の証があるまで、香を絶やさず焚き続けて祈願する。その間、一時間あまりも時がかかり、区長と耕作当たちは池の前道で待っていた。祈願が終わると、ノロ方より合図があり区長と耕作当は「タデーラ丘《ムイ》」に行って、ノロより御酒を受け、その日の行事は終わった。

昔は、その祈願がはじまると、神の御来臨の兆しとして、ヤガンの方向より神火（提灯火の様なもの）が現われ、次第にウガンの森の上に見られるようになり、ノロたちが拝んだ。島人たちも神の御来光の神火を拝みに、池の前の道に集まり、声をたてて話し合うことを謹み、静かに拝んだ。三日間にわたって行われる「ヤガン折目」の第一日目は、このようにして終わった。

粟国島の北方に「ヤガン」という原野があり、そこの崖下に拝所がある。その場所に神が鎮座されているが、かつては誰ひとり知る者なく、神を崇めることがなかった。

いつの時代からか旧暦六月ごろになると、伊座根原の以北の原野や、その近くの畑に行く島人が顔面、特に目や鼻を怪我したり、タムン（蘇鉄）をとる時に、目や鼻などを怪我するようになったという。あるいは悪道路であるが故に、妊婦が転んで時には流産することなどもあったという。

粟国島の北部の原野（ヤガン）

こういった災難が、「アーティバ」（神のしらせ）と気が付かず、時が経つにしたがって島人も次第に不思議に思うようになった。北の方向に神聖なる（セジ高い）神がいるのではないかと思いはじめたが、何する術も知らずにいた。そして旧暦六月ごろになると災いを思い起こし、北の原野に行くのを畏怖して恐れるようになった。

そのような事が起きている時、粟国島の治政や暮しを調査し視察をするために、琉球王府より巡検官が来島した。その噂を聞きおよび、また島人からも願い出があり、その顚末を取りまとめていったという。

巡検官は粟国島での役目を終えて帰任し、粟国島での不思議な出来事を国王にすべて報告し、その善処を申し出たところ、巡検官に一任する事が決まった。そのため、神を祀るための供物を島から徴収することなどの許しを得て、ふたたび来島した。島の頭たちと協力して、粟を調達し、神酒を造り、魚を捕って干魚（バーイ）にして、祭祀の供物を準備万端に整えたという。

旧暦六月二四日にヤガン崖近くの広場に祭場を造り、神酒と干魚を供えて祈願した。

「度々のしらせ、アーティバ（神のしらせ）もありましたが、今まで神がおわすことを知らなかった事をお詫び申し上げます。今日より祭場も設ける準備も致しております。どうか御来臨下さい。島中の万人に拝まれて下さるように、お願い申し上げます。そして御案内申し上げます」と奏上した。

島内の各拝所（寺上チヂ、ヒタチンチヂ、イザニチヂ、エーガー城前、タデーラムイ）に祭場を設けて迎える準備をして、「八重大中《エーウフナカ》」という聖域に鎮座したという。

その日が二四日の「ヤマン神祭」であり、二五日に「火ヌ神・庭祭」、そして二六日に「ヤガン折目」を盛大に行う起源となった。

神をもてなし各拝所も拝し、島中の人々も神を拝し、子孫繁栄、健康、豊作、島栄え、国栄えを祈願し、神人、ノロ達によって「おもろ」が謡われた。一日を楽しく共に遊び過ごし、来年も一層盛大に祭祀をなし、神の加護があるように三日間にわたって行われたヤマン神に関して理解することで、粟国島の来訪神信仰の独自性が垣間見えてくる。

昔、島の各所に祭場を設けていたが、神の来臨を願う祈願のためにお通しの祠（殿）を設けたという。そこから来臨を願ったのが六月二四日の「ヤマンカミ」の祈願行事である。粟穀、干魚（バーイ）を王府より下賜され、島に再来したのではないかと推測される。

なぜなら「粟作郡中第一の産高の島」（『南島風土記』）と記され、四面を海に囲まれ魚の豊富な島でもあり、税も粟穀をもって上納することなどから考察すると、粟穀を七石（一石とも）などの量を下賜されるとは考えられない。王府の財政上の理由で「二月の長月ノ御タカベ」や「八月四度四品御物参」などが廃止になったことから、島で供物を調達することで代替したと思われる。

八重大中《エーウフナカ》にある今帰仁拝所は、「ヤガン折目《ウユミ》」に祀られる神を迎祭し鎮めた中山王府（今帰仁）より、その巡検官の恩に報いるため、祠を建てて奉ったと言われている。『沖縄県史』には粟国村の神事の項に「見聞した行事を抄録する」として、次のような異なった四説が記述されているが、その一部を抜粋してみたい。

（1）往古六月になると、テラやヤガン原の辺りの畑へは迂闊には行けぬくらいだった。時には思いがけない突風（テンナーニシ）も吹いた。その頃偶々畑仕事に行った島人が眼玉を抉られ、鼻を剃がれ、孕んだ子をおろすという騒ぎがあった。

在番の神里某（仲里とも）はこのことを中山王府に報告した…中略…在番の某は思案して、粟で醸した神酒と乾魚のバーイをもってヤガン原に行き、フーウッカーの座を設けて神に供えた。鼓、太鼓を打って次第に坂の下から登って行った。テラの上で再びフーウッカーで座を設けて供えた。

こうして、ヒタチンチヂ、アマギドウと供えて里に近く、イヂャニの上に来たら居付いて皆に拝まれた。

（2）大昔の事、ヤガンのムラガマの外れに、漂流の遭難船から上って長年住んでいた人が死後は弔う人もなく過ぎた。いつの頃からか、磯で釣った魚が家に帰って見ると、目玉がなかった。しばらくして、四辺の畑仕事に行く人の目玉を抜き取ったり、鼻を削いだり妊婦をおろさせたり、いろいろ不思議な事が起った。

島人は、今帰仁城へ訴えた。そこで使者ナチジンは行って見て、その事実である事を報告した。対策にバーイ（干魚）とアワグク（粟穀）七石をもって渡島した。ミチャミチを造り、バーイを上げ、チジン鉦を打っても、中々出ないので騙して、そっとエーガー城の上に次にタカチヂまで見えた。しかし居付かずに、とうとう今のエヌ殿のイビガナシの所に鎮まった。

（3）耕作に行った女三人が、スバキン原の坂の処で、一人は片目、一人は両眼を潰され、他は子をおろすという騒ぎがあった。

中山に報告に行き様子をきかれて、粟ナカダーラとシューバーイをもって、再び北山の子（思満金）がもって渡島し、その折、中山の長男、次男、ウミナイビが加勢に北山の三男を中心に行った。

例の供物をもってヤカン原の辺り、クサクチの上にフーウッカー木を張り、粟ミキ、バーイを供えた。神は腰を浮かしてのり出して来た。テラの上に退っても、なおも供物を上げると、先ほどのクサクチの上の頂上（チヂ）でカネの音が聞こえた。

アマギドウでもヒタチヌチヂでも供物を供えた。併し同じ東のイザニの上にも供えたが外廻りして、イヒヨーラからエージ城のアタカヌクシで一服してから、イキントーの中のタカチヂ即ちタデーラムイで拝まれた。次第に居付いて、最後は今のウフナカ即ちエーヌ殿に鎮まった。

（4）今帰仁城へ訴えたところ平敷の大主という役人が派遣されて…中略…王は大主に鎮めるよう命じた。大主はバーイ（塩漬の魚）を七バーイ、粟一石、米、鼓鉦を要求して渡島した。

粟花米で酒やご馳走を作って、ヤカンガマのところに持って行き、鉦鼓を鳴らして神をおびき出した。この神はヤマンガマを出て、ガシヌク御岳、チヂ、イビガナシーへ行き、グシクマ大屋のあたりで見えなくなった。その後、暴れる事もなくなった。平敷大主は平敷島に帰った（『沖縄民俗』一五号　琉球大学民俗研究クラブ刊より）。

以上が、『沖縄県史』にも著されている四説の事例である。古老や司祭者である祝女《ノロ》、琉球大学民俗研

八重大中の聖域

ヤマン神の迎えの祭祀

究クラブ等による聞き書きとして、ヤマン神のことが著されてあり、神を迎祭したとする事はほとんど同説である。

　神酒や干魚（バーイ）を供えて、神を「ヤガン嶽」より、村の広場（祭場）、すわなち「八重大中《エーウフナカ》」に来臨を乞うため色々と儀式をしたという。最終的には、「八重大中」に鎮座することとなったとされている。また言い伝えの中には、神がイビガナシーへ行き、グシクマ大屋のあたりで見えなくなり、その後暴れる事もなくなった…とあるが、浦崎春雄氏自身は島の古老たちからは聞いた事がなかったという。

　神が島人に対して行った「アーティバ」（神のしらせ）とされている仕業が、残酷にも次のようになっている。

……眼玉を抉られた、眼玉を抜き取った。一人は片目、一人は両眼を潰された。鼻を剃がれた、鼻を削いだ。孕んだ子をおろす、妊婦をおろさせた。釣った魚の目がなかった……

　非情な伝説が伝わっており、神が人になせる仕業であるとは思えない。使者や訴人も、「神里某（仲里とも）」、「ナチヂン」、「北山の子（思満金）の三男を中心に中山の長男・次男・ウミナイビ（長女で一三、四歳）」、「平敷大《へしきうふ》主《しゅ》」と諸説あり、島人が訴えた先も「中山王府」、「今帰仁城《なきじんぐすく》」へ訴えたなど、様々な説がある。

北山と中山とが一緒に、しかも王子、王女が来島することは不可能なことである。また島人が直に今帰仁城へ直訴したことは考えられないが、伝承者によって色々なパターンが出来上がったと考えられる。

神本尊は、漂流の遭難船から上がってヤガンガマ（洞窟）に住み、その死後に弔われることなく、それが祟って凶事が起ったという。それを今帰仁城へ訴えて、荒ぶる神を鎮めるため、来訪者を神として祀る祭祀を執り行ったという説話もある。

以上のように、同時代の調査記録でも幾人か語られた人によって説話が異なってくる。由来説は史書と『遺老説話』に依るしかない。一方で、民俗学調査で語られる説話が語られる人によって各々に異なっており、どの由来説が本来伝承されたものであるか、疑問が生じてくる。

ヤガン神は悪神、邪神としての印象を強くするような由来であり、人々にとっては守護神でなくなり、毎年旧暦の六月になると、その神が暴れ出すため、それを恐れて、いわゆる荒神を鎮めるために祭祀を行うとの観念が出来上がってきた。

粟国島で三日間にわたって行われる神聖なる祭祀では、特に六月二六日の祭祀に村人が健康、豊作祈願などの加護を願い、祈りをこめ、神を代理する神人、ノロより神酒をいただく。他には、新生児の初詣、および健康祈願、新婚の祝福祈願、妊婦の安産祈願なども祈願する。ヤガン神に対するイメージは様々だが、祭祀を理解するには神本来の姿を捉える必要があろう。

何世紀かの時を経るにしたがって、語り継がれる説話は、それぞれの人々によって、伝承の解釈の違いを生じさせる。伝承の解釈に誤解が生じて、神や祭祀への見解が史書と説話によって相違がある。

死霊に関する粟国島の伝承としては、美貌の人妻である「つや」という女性にまつわる話が残されている。「つや」の夫を殺し、彼女に邪な思いを寄せてせまってきた首里の役人を御嶽に呼び寄せ、一物を握りつぶして殺したという「つやの祠」の逸話である。

しかし、島を歩いていて意外な思いがしたのは、主人公の「つや」が島の御嶽に祀られているかたわら、一物を失って死んだ首里の役人もまた、島の別の一隅に立派な御嶽を設けて祀られていたことである。最愛の夫を役人に殺された「つや」と、役人に殺された夫の死を悼んで御嶽に祀る感覚は理解できる。その反面、明らかに悪役として語られている役人の死もまた、粟国の人々にとっては「非業の死」と捉えられているのである。

「つや」、「つや」の夫、首里の役人、その三者は、無念さを持ったまま死を遂げたという点で共通している。粟国島においては、その魂が死に至った理由の善悪の判断を問うまでもなく、「非業の死」を遂げた者の霊魂は不吉であり、島に災いをもたらすかもしれない、畏怖すべき対象として受け止められたことが伺われる。


……無念の思いでたおれた者、非業の死者、それらはすべて鎮魂しない限り加害者となって、勝者となって生きる者たちをおびやかし、苦しみ続ける……


これは谷川健一氏が処女作『魔の系譜』の中で、民俗学で言うところの「御霊《ごりょう》信仰」の概念を説明した一文である。谷川氏によれば、歴史の一回性というものを考えることのできない日本人は、たえず反復する災いの方に注意を向け、災害や個人の不幸があるごとに地下の国から送り込まれた敵の仕業とみなす傾向にあるという。死霊に対して、ひたすら恭順し、慰撫し、危機を切り抜けることを計ったのだとする。

粟国島に伝わる祖霊や来訪神たちの気配は、こうした御霊信仰の断片なのかもしれない。島で暮らす者たちには、突然の災いや死が舞い降りることへの畏怖がある。粟国島の人々はそれを迷いの残る霊的存在によるものであるとして、来訪神としても恐れるのである。

人が屈葬を行う理由に「死者の魂を恐れ、身動きをとれなくするため」という説がある。粟国島でも、死者の魂を恐れる信仰が極めて強く、そのために御嶽や祭りで死者を祀るのと同様の理由で、古代から屈葬が行われていたのではないだろうか。


粟国島では旧暦六月二五日に「カシチー」(年浴)が行われる節句がある。家々では新粟、またはンナムヂカシチー(小麦強飯)を炊いて肴をつくり先祖霊前に供え、祖霊神と火の神を供養するのである。当日を「ヤガンカシチー」と呼んで、家で祭祀するこの行事は、ただ「カシチー(年浴)」とも言う。『琉球国由来記』の粟国島年中祭祀の項には、「六月アメ日撰拝ミ次第粟炊飯仕リ家々火神前・先祖霊前へ居テ家中喰一日遊申也」とある。

「ヤガンカシチー」といわれているのは六月二四日、二五日、二六日と三日間にわたって続いて行われる「ヤガン折目《ウユミ》」の間にあたるため、ただ「カシチー」と言わず、「ヤガン折目」の「ヤガン」と「カシチー」を合わせて「ヤガンカシチー」と称したと思われる。同日、「八重大中《エーウフナカ》」で行われる諸作業および祭祀行事と関連するものではない。

「カシチー折目《ウユミ》」は、本来は「年浴」と言われた行事であり、「強飯」をつくって祀る。この祭りは豊年祭で、古くから六月行事で村落ごとに祭祀のやり方は違った。

旧暦六月二五日の行事はただの「カシチー」として行われており、集落全体で祭場に集まり、そこで神人たちが米を撒く仕草の行事を行うところもあった。また餅米を蒸してつくり、神人や区長などが、ノロ

三石の火の神

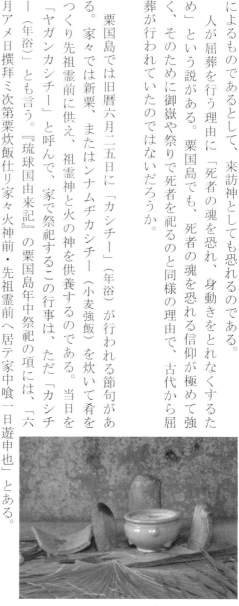

殿内と世神に供えて翌日に遊びを行ったという。祭祀の行い方、各島、村落によって異なり一定していないが、古くから伝わる農耕儀礼の祭祀行事である。

旧暦八月九日には「カシチー折目」が行われる。粟飯や麦飯の強飯（カシチー）を炊いて肴をつくり、祖先霊前に供えて、祖霊神ならびに火の神を供養する祭祀であった。基本的には、六月二五日の「カシチー」と同じ祭祀である。

沖縄においては天上の神国を「オボツカグラ」といい、海上の楽土を「ニライカナイ」と呼んだ。すなわち、神は日常は「オボツカグラ」と「ニライカナイ」に座していて、祭祀の日に地上に降臨するとされ、その場所が御嶽やイビ（威部）となった。

「御嶽」はシマの根神が祀られていたり、外来の神がオボツ山、カグラ山から降臨する聖なる空間となっている。外来の神は、海の彼方（＝ニライカナイ）から直に御嶽にやってくることもある。または立神、岬を経て、山上であるオボツ、カグラに逗留し、シマの共同体の御嶽に祖霊神とともにやってくることもある。

神が天降りする場所は、蒲葵《クバ》が生えているところとされ、それが神木として選ばれた。「クバムイ」とは昔、蒲葵が繁殖していた森であったと思われる。そのために「クバムイ」と称したのであろう。そうしたことから、旧暦六月二四日の「ヤマン神」を迎える祭祀には、「クバムイ」の中に造られた拝所に祈願し、神の降臨を願ったのであろう。また榕樹などにまじって、黒つぐ（マーニ）、月桃（サンニン）、ススキ（古名アサカ）、青木（シジョーキ）など、草木が生い繁ってこれらの草木や岩は神の依代となったのである。

## 3　ノロと火の神

ノロは「祈る人」を意味し、神官としての役割を担っていた。一五世紀に琉球弧を治めていた琉球王朝が、島の行政の長の妻女や姉妹、元家の娘をノロに任命したことに始まる。「ニライカナイ」の神々に祈り、島の祭祀で初穂や海の産物を供え、御嶽の神を拝むことで島人の繁栄、村落の平和、五穀豊穣、航海安全などを祈願した。

粟国島にも、女性優位で女性が男性を霊的に守護するという考え方がある。日本本土では男性が神官として宗教的な力を持つようになったが、琉球弧では、琉球王国が建国されて独自の文化を持ったために、ノロ制度として女性中心の宗教組織ができたのであろう。

『南方文化の研究』（河村只雄著）には、河村氏本人が一九四一年の五月三〇日の粟国村に来島して、ノロが執り行う火の神の行事に関して記述しており、概要が次のように書かれている。

……五月一五日に行われるノロ殿内でのお祭りである。島人はノロ殿内の「火ヌ神」に分に応じて何でも思い思いの一品お供え物を持って来る。「火ヌ神」に供えられ、そしてまず古稀以上の老人にそれをすすめ敬老の意を含めたものの様である……

この行事については、粟国島の古老である與那城菊太郎氏の話が取り上げられ、「ずっと昔から行われているものだと言うことが、まことにゆかしい行事である」と著されている。與那城氏は一八五八年生まれで、粟国村の初代村長になった人物である。

この島の御願の祭祀の場所は一般的に「宮小《ミャグワー》」と言われ、その拝所に祀られている御神体は何であるか定かではない。

各々が異なった説で伝えられており、『琉球国由来記』の年中祭祀の項に「二月長月のオタカベ」や「八月四度四品御物参」「五月朔日帰唐船」「十月竈廻の祭祀の条」など、ノロの「火ヌ神」への祈願の記述が見られる。しかし、火の神の在所は述べられていない。

河村只雄氏の著書にも見られるように、「ノロ殿内・火ヌ神」という仮説は有力であろう。なぜなら、祭祀を行う場所に関して、拝所の境内を一般に「宮小」と称して、広場（道路）を「宮小前《ミャグワーメー》」と称しているが、総称としては「ヌンドゥルチ」と呼ばれているからである。

この場所を「ノロ殿内」であるとするなら、いわゆる「ヌルトゥンチ」、または「ヌンドゥンチ」が世代を経るにしたがって、「ヌンドゥルチ」に転訛したのではなかろうか。浦崎春雄氏によれば、その言葉の転訛を考えるに、「ヌンドゥルチ」の呼称を過去に遡ると、「ヌルドゥンチ」または「ヌンドゥンチ」となり、ノロの屋敷の名残りであり、「ノロ殿内《ヌルドゥンチ》」となったのではなかろうか…と指摘している。それを踏まえれば、その地に祀られている御神体は「ノロ火ヌ神《ヌルヒヌカン》」と考えられよう。

「ノロ殿内」とは、単体の拝所の殿を指すのでなく、ノロの住んでいた屋敷であり、そのため、広場と境内を含めて「ノロ殿内」としての機能を果たしていたという。現在の拝所敷地は、「火ヌ神」を祀っ

ヌルドゥンチと火の神

た部分的な拝所であったと考えられる。

旧正月の三日目の島起しの祈願行事が、その広場において行われるのは、その「ノロ殿内」が由緒ある場であるからであろう。かつては「火ヌ神」の拝所を囲って、広場を祭場としたが、時代と共に祭場として忘れられ、「ヌンドゥルチ」という地名だけが残ったのかもしれない。

旧暦五月一五日の粟国島の御願（シマヌウグヮン）は、本質的には、豊作と島人の健康祈願をする行事である。ノロが火の神を通して祈願を行っていく。東、西の両集落は宮小拝所で、浜集落は観音拝所にて行う祭祀である。

祭祀当日の五月一五日は、早朝から祭祀の供え物などの準備をして、祈願の供え物を持ち寄った。区長、ノロ、神人たちは御嶽、拝所に祈願して回った。まずウガン拝所（八重威部・宮小拝所・サキダ拝所・大嶽・中嶽・南嶽・観音拝所）を祈願して、宮小拝所にもどって祈願行事は終わる。その後で、西集落にある山内家（ミーダイ・大屋）の人々が、アナガー嶽（番屋原在）とクシレージ神前（マハナ岬西側下海辺の霊石）に神酒と肴を持って祈願に行っていた。

アナガー嶽とクシレージ神前の両所は、山内家代々の役目である。クシレージ神前は、マハナ下の海辺に在るため、マハナの上より下に向かって祭り祈願していた。祈願の行事が終わると、午後五時以降には、役場職員以外の有志を招待し、祭祀をつつがなく終えたことを報告する場を設けた。区長からの挨拶があり、神酒やご馳走をいただくが、他にも浜区長の招待を受けて、観音拝所で同様の宴に参加した。

このようにして、旧暦五月一五日には、島の御願のための祭祀行事は終わるのであるが、東、西集落の場合は、別の行事が午後から行われた。東、西集落の両区長が前もって調査して七〇歳以上の人が住んでいる家々に、肴一皿と酒一合を一人分として持って行った。このように東、西集落では長老に対する祝義があるものの、祖霊に関する祭祀はない。

いつの頃から始められたか分からないが、この行事は敬老の意味もあり、また神の「ウサンデー」を上げて、健康を願うための進物を捧げるものでもあった。かつては平常、酒、肴をご馳走する機会の少ない時代であっても、敬老と神にも「ウサンデー」を捧げることで、より一層の健康を願った慣例行事であったのである。

一九七二年の行事より、その儀礼を廃止して「島の御願」の祭祀だけを行うこととなったという。それ以前は野菜、果菜類、豆腐などが家々から供出されたり、魚の買い入れが行われていたが、今は不要になり、祭祀に要する供物、酒だけの費用を村費でもって購入している。

かつては島人たちに、豆腐、果菜、昆布などの味噌煮炊きや肴の一皿、酒一合が振る舞われていたが、行事の簡素化によって各家よりの供え物の徴集がなくなり、旧来の慣習が廃止されたことによるものであろう。

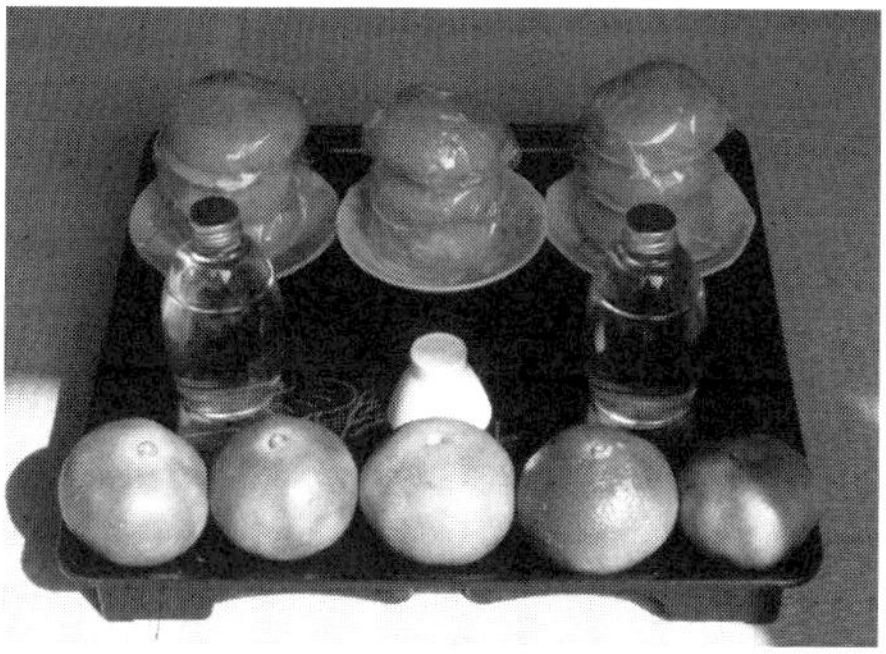

ウサンデーの供物

浜集落における祭祀は観音拝所で行われていて、家々より供出される供物は、かつては東、西集落は均等であったという。戦後の一九四五年以降は、割り当ての肴を一膳、酒一升を供出させ、それを持って、大嶽、中嶽、南嶽に祈願していたと云われている。観音堂に同じく豊作祈願、島人の健康祈願を行って祀り、役場職員や有志を招待してご馳走を披露した。浜集落では祖霊を祀る行事があった。

以上のことをまとめると、拝所（宮小）敷地と広場を含めて、「ノロ殿内《ヌルドゥンチ》」であり、通称「宮小」拝所に祀られている御神体は「ノロ火ヌ神《ヌルヒヌカン》」であると推測できる。

神役のノロの祖先は古代においては、集落の場所が山頂や山腹に住んでいたが、利便性もあって後に平地に移り住むようになった。殿内は火の神を祀るため建てたものでなく、もともとは神職の住宅であった。

そうした住宅には竈神を祀ったので、それが火の神となった。ノロ殿内の火の神は、その神職の家神であると共に、神々に仲介の役を務める神であったのである。したがって、元々は集落（村）の鎮守の主神ではない。その外に、「掟火ヌ神」、「大屋子火ヌ神」も同じである。

地方の女神官として派遣されたノロ屋号にノロ殿内《ヌルドゥンチ》があった。「殿内《ドゥンチ》」とは地頭以上の屋敷の呼称であり、ノロ家も「殿内《ドゥンチ》」の名称をもって呼ばれていたので、それを屋号として用いていた。

観音堂の拝所（外観）

「立て御願《タティウグヮン》」では、火の神の前に肴、酒を供え、家族の健康と繁栄を祈願する。庭神にも肴を供え、同様に祈願をする。いわゆる一年最初の願い事（願立）の行事である。火の神の一神は、下界に残って留守を護ると言われている。

神人としての神職は、神に仕える身分であり、本来は神の憑く依代であった。これを神人と称し、祭祀における行動は神としての行動であり、その歓喜によって集落（島）が祝福されたという。

琉球王国時代は、ノロの位の継承は母から娘、あるいは伯母から姪に継承された。母から娘への継承は、ノロの血筋との結婚を前提としなければならなかった。いわゆる祭祀のとき、生家に帰り火の神を拝し、祭祀を行うこともあった。だが後に、長男の嫁がノロを継ぐ「娘継ぎ制」が多くなった。

琉球王国時代のノロの継承は「娘継ぎ制」で、嫁入りする場合は、出嫁する娘がその存命中だけであることを条件として、土地（ノロ地）を与えたという。祭祀の時は生家に帰り、火の神を拝し祭祀を行ったりした。それによって、嫁出した娘にノロを継承させ、存命中を条件に土地を与えることで、死後はノロ職とともに実家に返すことが慣例となっていった。

一八九九年（明治三二年）に沖縄県土地整理事務局の方針によって、土地制度の慣例が崩壊していった事例がある。土地ばかりでなく、役俸の公債証書も、戸主である義父や夫によって嫁ぎ先の名義となった。または、処分（売却）されたりして、ノロ本家に一坪も返らぬこともあった。

そういった事情もあり、ノロ家の生活もひっ迫していき、ノロの生活を維持していく上での障害となっていった。そのため、財産（ノロ地）をノロ家に相続させることが行われ、それに伴って、長男の嫁がノロを継ぐ「嫁継ぎ制」が多くなったという。

カシチー（強飯）のウブク（白い御飯）

ノロが火の神に拝む祭儀「ウブク」（火の神降臨）は、旧暦一二月一四日に昇天された「火ヌ神」が旧年の報告に対して報酬をもたらし、降臨（天降る）される日となっている。御供えする白い飯を「ウブク」と呼ぶが、三膳を火の神に供えて、香一二本の五回を晩より焚く。これは火の神がゆっくり降臨されるためとされている。
また旧暦一二月二四日にも、「ウブク」（火の神昇天）の祭祀が行われるが、この日は一年中で起きた出来事を火の神が天帝に報告するため、昇天する日とされている。この時、二神が昇天し、一神は残って留守を預かるとのことである。

日の沈まないうちに神が早く昇るとのことで、午後早くより香一二本を七回焚き、「ウブク」（白い御飯）を三つ供えて祈願する。昇天する時は、香の煙を橋として昇るとのことである。

霊前に御飯、豆腐汁、肴などを供えて祭り、夕一回の祭儀を行った。分家した家が、はじめて火の神を仕立てる場合は、親の家の香炉から灰を少し分けて持って行き、火の神を新しく立てる。国頭《くにがみ》地方では竈の灰をふるい、祈願して村長に送るとされている。また、奥間などでは仏前の香炉の灰も代えるという。

火の神の聖石が割れた場合は、一二月二四日の「ウブク」の日に取り替える。前もって浜辺に行き、適当なクルマー石を選んでおき、当日朝早く人の起きないうちに取って来て替える。

そして、「立て御願《タティウグワン》」と対をなす「願解（ウグヮン・プトゥチー）」は、祖霊や火の神に一年中の祈願できたことを感謝し、その祈願をしてきたことを解く日だとされている。「シリガフー」とも言う。この祈願は煤掃《すすはら》いした日より、一二月二四日（ウブクの日）の午前中までの間に、吉日を選んで祈願する。すなわち一年中の煤《すす》を掃い清めてから、一二月二四日に火の神が昇天しないうちに、午前中までに執り行ったのである。

男性たちが坂よりおりて来て、そこで男女全員が揃って円陣をなし、二、三曲の嘉例《カーリー》の舞踊を奉じて歌い踊った。

「ヒヂャカーラー、ウクチメンセール　サッサヤーヌ、オーヤッサー
オーヤッサル　スシガルージンカニヤーモーキールー、ンパドーンパドー
スシヤーンナティカーラーティ」

そのように謡っている内に、それから全員が連なって、南に向かって道スネーイ（行列）して、三味線

を弾き、太鼓を打ち鳴らす。

「番所ガジマルーニ、トーシンドゥールー下ギティユーヒヤネー、
ウリガアクガリバ、サ、ミルク世果報…
今日ヌ暁ヤ、耕作達ガ起シ、ユーヒヤネー昼間、後カーラヤー、サ、村ヌ起シ…
イッソー（常日頃）上ガタル坂ヤシガ、ンムニーカダグトゥ上ガララン
ユーヒヤネー、今年正月ヤ、サ、世果報願《ニガ》ラ…」（漢那節）

このような歌詞を謡いながら、グヤー（金城家）の角にて舞踊を披露し、そして浜川の十字路（浜川番所）に至っては、そこでも舞踊（ジーヌー）を踊りながら進み、イサラー（棚原家）の角、ムディー（津波古家）の角においても舞踊を奉納した。

神行事に欠かせない神酒は「ウンサク」と呼び、手造りの神酒であった。昔は米を一夜水に浸し、精進潔斎した乙女の口で噛み、これを発酵させてつくっていたという。「ウンサク」の守り（番）はニーブ神の役目であった。供物（酒など）は、香の煙りが神界への橋として伝える媒体とされた。

その際の願いごとの言葉、お崇《たか》べは次の通りである。

「サリトートゥ火ヌ神加那志前、今年《クトシ》ン家《ヤー》チネー男小《ヴトゥク》、女小《ヴンナ》家ニンジュ体強《カラダヂュー》ク、島広《ヒル》ギ国栄イ呉《クヰ》ティイウタビミソーリ」

お崇べを唱え終えると合掌して礼拝し、霊前に肴を供え祀った。

火の神への祈願は、一年を通してあらゆる願い事がなされる。一家の幸福、子孫繁栄、出生、結婚、旅立、帰郷、立御願、結御願、解御願、五穀豊穣などに関して祈願する。

シリガフーの祈り

祈願は「ウチャヌク」と呼ばれる供え物を作る。御飯で丸く平たく形を作り、それを九個重ねて盛りつけ、盆に入れて火の神に供え、香を一二本焚く。

この一年間、一家が無病息災であったことへのお礼（シリガフー）、つまり願解の祈願をして、その香が半分ほど燃えたら、新しく一二本の線香を焚く。それによって、明くる年もより一層の御加護を下さるように…と祈願するのである。拝みが終わると、「ウチャヌク」を火の神より下げて、「チヂヘー」（新しい供物と取り替える作業）して霊前に供えた。この時、「ウチャヌク」をつくって炊いて余ったご飯も、全て「ウチャヌク」として作って皿に入れて一緒に霊前に祀って供えた。霊前には「一年のシリガフーを火ヌ神に祈願しましたので来年も家中を見守り下さい」と報告して祈願する。一年以内に不幸（死）のあった家では「願解《シリガフー》」の祈願はしない。

そして「竈廻り」の行事も火の神にノロが拝む神事でもあり、それが執り行われる旧暦十月は火の更新をはかる点検の月でもあるとされている。代竈に新しく薪を入れ、火を継ぎ、灰で覆い、翌朝まで火種を絶やさず保たせたという。

「竈廻り」は火の神への祭儀としても機能していたが、一家の団結と繁栄と根源的要素である火を絶やさないようにする信仰でもあった。家の管理をつかさどる主婦、つまり女性に対して、家を守る火の神を大切にする責任が求められたという。また家に死人が出た場合は、火を消して新しい火を起したとされていることは、拝火思想の前提とした信仰であると言われている。

伊波普猷氏が著した「火の神考」では、火の管理の行事に関する記述がある。

……火魂は火の神の後の壺の中に潜んでいるものであるが、それが冬になると壺の蓋を押し上げて火の粉となって暴れるものであるから暴れない様に村々の全家庭が火の神にお願いして、しっかりと監視していただくのが竈廻行事の意味である……

一〇月一日は「竈廻り（カママーイ）」であり、粟国島の東、西集落では、かつては各家から豆腐や野菜、あずき等でおかずをつくり、重箱一つに詰めて、宮小拝所に各自で持って行った。昭和初期ごろから各集落は隣組単位となり、近年になって村予算で区長、耕作当が肴をつくり供え祀り、ノロ、神人によって火の神のための祈願がなされるようになった。

浜集落においても、東、西集落と同様に、村予算で区長が指示して肴を四膳つくり、大嶽、中嶽、南嶽、観音の四拝所に麦の御花《ンパナ》と肴を供え、村人によって祈願が行われた。

そして、次のような言葉を唱えながら、四拝所に祈願をした。

……今年《クトウシ》ヌ十月朔日《グワチチータチ》カマ、マーイヤイビーン村騒動《むらそうどう》シミラチ呉《クヰ》ミソーンナ、島アクガイ、国アクガイ騒動シミラチ呉ミソーンナ、四嶽《ユタキ》ヌ御神加那志、ミーマンティ静《シジ》カニウタビミソーリ、サリトートゥガナシー……

各家々の「竈廻り（カママーイ）」は三集落とも同じであり、屋敷の樹木の枝が道路上に延びているものを切り落とした。屋敷内の樹木を伐採し、屋敷内外の清掃をした。特に庭神を祀ってある場所の樹の枝は、普段は伐ることをタブーとされていて、年に一回この日しか伐ることが出来ないとされている。

『琉球国由来記』の「粟国島年中祭祀」の項には次のようにある。

……九月竈廻トテ、為二火用心芋神酒、家々ヨリ取合セ、御香三本ノロ火神前へ上ゲ、御タカベ、サバクリ、頭々相揃三十三拝九拝仕リ相濟、村廻トテ、家家銘銘ノ掃除見届申也……

ところが、粟国島の「竈廻り」の行事は旧暦一〇月に行われ、「九月に行われたということは昔より聞いたこともない」と、島の古老の話を聞き書きした〈浦崎ノート〉には記されていた。また、『琉球国由来記』の「王城之公事並地方年中祭祀」でも「各島村共十月行事」と書かれており、粟国島のみが旧暦九月に行うとは、当時の祭祀行事として史書を見る限り考えられない。

『琉球国由来記』の「王城之公事」の項には、「冬になって寒気を防ぐ為に人々が好んで火を用いるため失火を恐れて用心のため、村々家々に火の使用過ぎを禁ずる掟があった」とある。つまり、由来記が編纂された一八世紀以前からの行事であったと知ることができる。

また『琉球国旧記』の「旧記地方年中行事十月」の項と「王城之公事並旧記地方年中行事」の項を見ても一〇月行事とされている。渡嘉敷島では、当日の「のろ火の神」へのおたかべ（御願）には、次のように記されている。

……今日のよかる日、なまぬまさる日に、撰び出ぢへて、そそり出ぢへてのろのおかまがなし、三ツ物がなし御前に、おみのけやべむ、村々悉皆《シッキャイ》の家々《ヤヤ》、火ほたら（火の粉）、目より高く上らちへ御たべめしゃうるな、五《イツ》の御神、七《ナナ》の御神しちへ、押っすへて、何事も百《モモ》果報の有るやに、御守りめしよはちへ、御たべめしよはれ……

火の神の後方に潜んでいる火魂を監視して下さるように…との願いが込められていることが分かる。また地方年中行事には、「諸村並離島、家々に火を小さくし各処神々に祈る。その時役人等が各家々を巡視した」とあり、その行事が政治的行事とされている。粟国島で行われている行事も、区長たちによって取りしきられていることを鑑みれば、行政の一連の行事でもあったことが分かろう。

「麦穂祭《ムヂフマチー》」は、旧暦二月下旬「ひのえ」の日、区長たちが選ぶ日によって各家に触れ告ぐ。各家々では麦穂を火の神に祭るだけで、祖先の霊祭ではない。これは前年、秋に播いた麦の穂が結実する季節であり、麦の穂を火の神の前に供えて豊作を祈る予祝祭であった。

麦の穂三本または七本を仏前、神棚、拝所などに供えるところもあるが、各村共通する農耕儀礼であり、祈願の目的は麦の穂に豊かな結実があることを祈るのであり、次のような神歌（おもろ）がある。

……アラムギヤガヲマツリ、ハツカイガ、御祭出ナフリタバ、ウミナフリタボウレ、石実イレテ、タボウレ、カナ実イレテ、タボウレ……

（石実、金実とは麦の実が石、金の如くかたく、はち切れんばかりの結実してください）

『琉球国由来記』の「粟国島年中祭祀」の項には、「日撰島中ニテ仕リ麥穂取参家々火神ニ上ゲ二日遊申也」とあり村行事ではない。確かに『由来記』には二日遊びとあるが、粟国島では一日しか行っていない。さらに五月の粟穂祭に関しても「日撰島中ニテ仕リ粟穂取参家々火神へ上ゲテ二日遊申也」と全く同じ記述がある。

穂祭は「シチュマ」と言われていて、第一日には粟穂を火の神に祭り、結実を祈る祈願をする。これは麦穂祭りと同じであり、そして次の日も行事があり、『由来記』の通り二日間行われている。この麦穂祭は現在一日だけしか行われていないが、同じ穂祭りであり条文にも二日遊ぶとあり、かつては粟穂祭と同様に二日にわたり行われたというが、島人の記憶にもないという。

『琉球国由来記』の「粟国島年中祭祀」の項には、「三月二日撰仕リ作物ノ初トシテ麦拾丸キ地人ヨリ取合セ、ノロ両人へ遣シ一日遊申也」とある。旧暦三月は麦の収穫期である。まず農耕儀礼として、島の各家より麦の初穂を供え物として幾らか出してもらい、ノロに差し上げたという。「お陰様にて今年の麦もこんなに豊饒になりました」と感謝と報告の意味でもあり、ノロがそれを受け取ることで、火の神に豊饒と感謝の祈願を行ったのである。

## 4　祖神と祭祀

粟国島の西集落の西側に広がるウガン山（御願山）の一帯には、自然を利用した拝所である「御嶽《ウタキ》」がいくつも連なっている。「御嶽」とは一般に、聖なる森や山そのものである。ガジュマルの木やアカギの木などがある森にぽっかりと小さな広場のような空間をもうけた場所で、そこで人々は日々の祈りを捧げ、神女たちは村や島のための祭祀を行う。ウガン山のように、集落に後背する御嶽の森のことを「クサトゥムイ」と呼び、同じような集落の作りは沖縄諸島の他の場所でも見ることができる。

ウガン山の御嶽の中で最も印象的なのは、「エーガー（八重川）御嶽」と呼ばれている洞窟の御嶽である。「エーガー」という言葉には「八重川」の漢字があてられてはいるが、洞窟そのものを意味している。

エーガー御嶽の外観

粟国島の集落

ウガン山と集落との間の道を歩くと、比較的広い入り口の奥にエーガー御嶽はある。白い衣装をまとった神女たちが正座して祈りを捧げる場でもあった。

島の東側には映画『ナビィの恋』のロケに使われた白砂のビーチもあるが、港から西側の浜はすべて切り立った崖や岩場で、形の良い大型の岩石や崖山の巨大な亀裂が神聖な場所として利用されている。

この西側の岩地は、「トゥージー」と呼ばれる石の貯水桶を切り出すのに使われたり、石室をくりぬいた墓地としても利用されており、神女たちは海岸の岩場にある御嶽で祭祀を行っていた。

また、島の北西には「テラ（洞寺）」と呼ばれる、比較的規模の大きな地下鍾乳洞の拝所があり、粟国島にも〈ビジュル（霊石）信仰〉があったことがわかる。〈ビジュル信仰〉は、おもに沖縄本島でみられる霊石信仰で、豊作、豊漁、子授けなど様々な祈願がなされる。一六羅漢の一つの「賓頭盧《びんずる》」がなまった言い方で、多くは人の形をした自然石を洞穴などで祀っている。

粟国島の「テラ（洞寺）」には那覇の坊主にまつわる由来譚があり、「テラ＝寺」であるという推測も成り立つが、そうではないようである。「テラ」とは一般に神の鎮座する所、特にビジュルを祀る石祠のことで、沖縄県の有形民俗文化財にも指定されている。粟国島ではコンクリートで作られた集落内の拝所にも、ビジュル（霊石）が祀られている場所が多くみられ、岩や石の表情が極めて豊かな島だからこそ残る信仰であろう。

「エーガー御嶽」の左手には、赤く小さな実をたくさんつけた大木がある。沖縄の言葉で「アネチーク」、本州では「ハマイヌビワ」と呼ばれている木である。その根は複雑に分枝しており、ウガン山の岩肌を抱くように根を張っていた。御嶽に生えている樹には仮根を分枝させた樹が多い。根を何本にも分けた外観の樹は、キジムナー（木の精霊）の棲むガジュマルの樹以外にも、この「ハマイヌビワ」や「アコウ」も精霊がすむとされている。

「エーガー御嶽」の中に入って行くと、そこは高さ一〇メートルほどの吹き抜けになっている。洞窟や洞穴をこの世とあの世をつなぐ場所と考える思想は、世界各地に見られるものである。また、洞窟の御嶽があるウガン山の反対側の、海に面した崖の斜面一帯は、実際に島の墓地となっている。

粟国島の墓地には、旧暦一月一六日に墓詣（ジュールクニチー・ハカメーイ）が行われている。一般にこの日を「後生正月（グショウ・ショウガチ）」とする観念があり、死者のための正月として、墓に詣でて祖先を供養する日とされる。この日は、豚の尻尾の肉を料理して供え物として祀って、豆腐、大根、昆布、天ぷらなどの肴をつくって重箱一つに詰め、さらには餅を重箱《トージン》一つに詰めて、供え物を準備した。酒二、三合を持って午前中のうちに「ウヘージ」（共同岩穴墓地）を拝む。午後から同じく肴、餅を重箱二、三つに詰めて酒を持ち、老人と幼子以外の家族で墓に詣でていた。

墓前に重箱の肴、餅、酒を供え、まず家長が香を焚き、正月の報告と祖先霊に年始の挨拶に来たことを述べて合掌して礼拝した。その後、家族の各人が香三本を焚いて拝み、それが済んだら肴一つ（大根または昆布）を香を焚く場所に置いて、墓前から供え物を下げて墓所の広場に持って行ってご馳走を広げた。その間に門中の各家族も集まってきて、皆で車座になって、ご馳走を食して酒を交しながら談笑した。

このようにして、自分たちの祖先拝みがすむと、次は妻方、母方の墓に詣でた。そこでも親戚、知人とご馳走、酒を頂き、男たちはほろ酔い気分で手をとり合いながら、家族と門中が揃って家路に帰る情緒のある風景も見られたという。近年の一六日正月は家だけで済ませることが多くなり、墓まで詣でる者も少なくなり、そのような風景も見られなくなってきている。

墓詣から帰ってきた後で、霊前に御飯（かっては麦飯）、豆腐汁、肴、酒などを供え、祖霊神には、「ウブク」（白い御飯）を供えて祀った。旧年一月一六日から一年以内に亡くなった親族のいる家では、他家より先に、「新十六日《ミージュールクニチー》」という墓詣りをすませた。

「ウヘージ」は粟国村の最古の共同岩穴墓地であり、番屋原《バンヤバルー》の地域の墓地以前の先祖墓であった。「神ユー」（神代か神世か）とも「大ユー」（大代か大世か）とも称されており、一般的に「ウヘージ」と称している。また「ニシユー」とも言われている。これは部落の北方に位置してあるため、北を「ニシ」とする方位の呼称ではないかと推測されている。

共同墓に各門中が詣でるが、門中によって、その地域にある拝所が異なってくる。墓造りの関係もあるであろうが、それは近世になってからのことであり、少数の門中が該当するに過ぎない。

さらに旧暦一月二〇日は「二十日正月（ハチカ・ソーグワチ）」と呼ばれ、この日は正月の終りといい、また〈女の正月〉ともいわれ、女性は針仕事や織物、糸つむぎなどの仕事をせずに一日遊ぶ日とされている。昔はこの日までは「正月」という気分が残っていたが、

粟国島の墓地

旧暦一月一六日とは異なって祖先の霊祭はない。東、西集落では、舞踊などの催しもあったが、次第に行われなくなり、「二十日正月」という言葉も忘れられつつある。

「彼岸《ヒンガン》」は春分であり、旧暦では二月の中気がその日とされ、新暦では三月二一日ごろとなる。一般には、この日を春の彼岸の中日と呼び、国民の祝日（昔は春季皇霊祭）となっている。この日は昼夜の長さがほぼ等しく、この日を境にして昼間が次第に長くなり、夜が短くなって行くという節目の日でもある。

「王城之公事」の項にあるように、七日祭であり、彼岸入りの日を「初日（イリ日）」とし、三日までは通常の祭儀と同様に、豆腐をつくり、昆布、肉、大根などを煮て肴をつくり、霊前に昼と晩の二回供えて香を焚き祀った。四日目を中日《ソーニチ》、つまり「春分」と呼び、朝は普通に供え、晩は紙銭（ウチ紙《カビ》）、御飯、肴などを供えて香を焚いた。霊前に合掌して礼拝し、紙銭を何回かに分けて、小桶、洗面器などの器に入れて焼いていた。そうして酒を少々、肴（昆布、大根、豆腐など）を入れて、水で灰をとかし、内門《ウチナーティ》の側にこぼし、終ったら箸などもその場に置いた。

彼岸の七日祭の最後の日を「出《ンジ》彼岸」といい、中日と同様に朝晩供え祀り、紙銭を焼き、家族で揃って合掌して礼拝した。こうして彼岸祭りの七日が終わるのである。

祖霊神への「ウブク」（白い御飯）は、彼岸・七日祭の中日だけ供えたという。祖霊神とは、三十三年忌など一切の法要を済ませた先祖であり、現在の戸主より四代以上の祖霊で神になった存在である。命日祭祀がなくなって年に何回かの祭儀だけに、「ウブク」、または肴を一皿に盛って祀ることとしかしない。「ウブク」は祖霊神の数だけ用意する。

彼岸は七日祭祀であったが、戦後（一九四五年以降）は「冠婚葬祭改善」などと称して、各自で祭祀を簡素化したりした。彼岸は現在、彼岸中日にあたる春分の日から祭り始め、都合のつく日に一日だけ祀る祭儀となっている。また、紙銭も一日供えて焼くだけとなったという。そのため、今では、「入り彼岸《イリヒンガン》中日彼岸明《ソーニチンジヒンガン》」という言葉も言われなくなり、現在はただ「彼岸《ヒンガン》」とだけしか言われていない。

浦崎春雄氏が島人から聞いた話によれば、「アツタルヒンガン、タダナヌカ」と言われていた言葉がある。この言葉は昔、使用人の口から出た言葉であったという。かつては節句の時にしか豆腐、肴、麦、粟飯などを食べることができなかった。特に「彼岸」は、七日も続いて祖先に供えられた御馳走が唯一食べられる時でもあったので、「ただ七日《ナヌカ》しかない…」という意味で、こういった言葉が出たという。

『琉球国由来記』の「王城之公事」の項には、「彼岸」について次のように記されている。

……春分、秋分ノ初日ヨリ前三日ニアタル日ヨリ始トシ、其後七日ヲ佛氏名ヅケテ、彼岸トイフ、又時正トイフナリ。此ノ七日間、世俗、寺ニ至リ佛ニ供シ、僧ニ嚫ス、又僧、法師等、讀經法談ヲナス。

…略…故ニ比岸ト云フ。又日出、日没ノ兩岸、彼岸ト此岸ト、ヒトシキガ故、彼岸トモカクナリ。此説ノゴトクナレバ、トモニ晝夜ノヒトシキコトヲイヘリ。然レバ、アナガチ此時ニカギリテ、讀經、法談ヲナシ、又佛ニ供シ、寺院ニ詣ベキ時トイフニモ、アルベカラズ。林羅山、野槌ニイハク、或僧家ノ説ニ、龍樹菩薩ノ記ヲ引テ、都率天ノ側ニ、霊所臺アリ。ソコニ樹アリ、二月ニ花開ク、七日七夜ニシテ落。秋八月七日果成。摩醯首羅・梵天・帝釋等、各集リテ、七日ノ間、世間ノ善人、悪人ノ名ヲ、印記ス。生死彼岸。故曰く。

…略…所謂春秋七日ナリ。コノ事タシカナラヌニヤ、砥平石ノ錄ニ彼岸ハ日本ノ風俗ナリ、唐土ニコレナシトイヘリ。然則コレタヾ我國ノ浮屠ノナセル事ニテ、中華天竺ニハ無キ事ナルベシ。好古、コレヲキケリ。彼岸ノ事ヲ書タル、天正験記トイヘル書一巻アリ。コレ天竺ノ龍樹菩薩ノ作トテ、佛家ニ取ハヤシ待レドモ、僞書ナリ、我國ノ僧ノ作リテ、カクイヒナラハシタルナルベシ。又見聞隨身抄トテ、ヒガンノコトヲ、コトゴトシク、書タル書アリ。皆虚誕ノ事ノミヲノセタリ、多ク佛書ヲ引待レドモ、會テソノ本書ニハ、ナキ事ノミ也トイヘリ。世俗コレラノ書ヲ信スベカラズ……

彼岸が七日祭であることの所以や、中国の仏教的影響について書かれており、また供え物に関する心構えにも触れられている。この引用文の前には、中国（モロコシ）は四つ足の肉食を軸とした供え物を用いるが、日本は魚や鳥の肉食も用いるべきではない…といった文言も見受けられる。また朱子の文言を引用しながら、父母祖先は自分自身の根本であることを忘れてはならないと戒めている。

「彼岸」に供えられる物は後生の人の貯えものであるとも言われており、紙銭などは「これは小遣いですよ」と言って余分に焼いてあげる。彼岸の時期に海が荒れるのは、海で死んだ人を浮き上がらせて祀ってある物を取らせるためであるとも言われている。

このように中国の影響の強い先祖崇拝であるが、「清明祭《シーミー》」は、墓詣としては「一六日正月」よりも新しい行事であり、墓詣り及び家での祖先霊祭を行う習慣が出来てきた。つまり、一月一六日の祖霊行事と全く同じ祭儀となっている。

『沖縄県史』によれば、「清明祭が沖縄に伝来したのは明和五年（乾隆三三年・一七六八年）、尚穆王《しょうぼくおう》時代に尚家で、はじめて清明祭を行ったと言われ一般庶民にまで普及したのは、ずっと降るだろう」と記述されている。伊是名島の「公事清明祭《クジシーミー》」のように第二尚家にゆかりのある陵墓で行うようになったのも、「一六日正月」よりも時代が降ってからのことである…といったことが分かろう。

伊是名島の第二尚氏の陵墓

かつては清明祭で、祖霊に蘇鉄の実でダンゴを作り供えたとのことである。俗に「シーミーダーグ（清明団子）」と言われていた様であるが、蘇鉄の赤実を粉にしたもので造ったものであるか、または、蘇鉄の幹の中芯を製造して作った「アーシムックー」であろうと言われている。

墓掃除は、生者が死者と向き合う重要な機会でもある。正月一六日や彼岸、清明祭という節目に加えて、旧暦七月になると、旧盆を中心とする祖先祭祀で墓掃除がはじまる。旧盆の前である七月七日（七夕）の前後に墓詣りをして、墓掃除をするのが流れとなっている。すなわち、旧暦七月一三日からの盆に備えるために行う霊祭の儀式でもあった。

たいていの場合、旧暦七月七日までの間に、墓主は日を選び、門中を集めて墓掃除を行った。各家より一人、午前に墓主の家に集まり、男たちは肴を重箱一つに詰めて、酒、香、鍬、鎌を持って、墓に向かった。そして、墓前に重箱の肴と酒を供え、墓主または代理者が香を焚いた。「お墓掃除に参りました」と皆で合掌してから、墓地の内側や、周辺の通路の草刈りをして、道を綺麗にしていった。女たちは墓主家に集まり、ご馳走をつくって、男たちが墓掃除から帰るのを待って、全員がそろうと門中で食事をした。その後、ご馳走を受けつつ、男たちは酒を交して、先祖のことも語らいながら楽しく一日を終わった。

「墓門中」はかつて、祖先たちが知人、友人たちと合同で築いた墓でもあり、いわゆる共同体の墓であった。その子孫たちが、「墓門中」ということになった。墓主は、その墓地を最初に見つけて手がけた祖先家

沿岸の墓地の風景

である。その祖先の人を「シンジュ大主《ウフヌシ》」といい、その厨子甕は墓内の中央段上に置かれて祀られた。

そして、旧暦七月七日は七夕《タナバタ》が墓詣りの日となることが多かったので、俗に「タナバタ」や「ハカメーイ」というようになった。家々では肴をつくり、重箱一対に詰め、酒、香を持って墓に詣で、墓前に肴、酒を供えて香を焚く。一族皆で、墓に向かって合掌して礼拝し、先祖に思い思いの言葉を申し述べて旧盆に備えたのである。

……今日《チュー》ヤ　タナバタ（七夕）ヤイビーン、ウハカメーイ、カイチャービタン、一三日カラ盆《ブン》ヌ、ウンケーヤイビーグトゥ、メンソーチ、ウキトゥイミソーリ……

祖先や門中の家族にとっては、盆祭りの準備をしに墓詣りする日でもあり、正月一六日の墓詣と、三月の清明の墓詣とは異なる。家では霊前に豆腐をつくり、御飯、肴、酒などを昼後一回供え、祖霊神に「ウブク」（白い御飯）を供え祀った。

## 5　害虫と異界送り

粟国島では、旧暦四月に沖縄の各地で行われる害虫払いの儀式である「アブシバレー（畔払い）」は行わず、旧暦二月、三月のひのえの日に「虫ン口止《ムシンクチトゥミ》」を行う。この儀式では、イナゴ、かたつむり等の「害虫」をカヤ包に入れて海に流し、畑を荒らすこともある牛、馬、羊などを砂浜につれて行って、潔斎のために草を半日食べさせずに過ごさせる。

これとは別に、捕まえた野生のネズミの両手両足を木の棒に括り付け、錘《おもり》をつけて海に沈めるという儀式もある。作物を害するネズミが特別視され、三年に一度、改めて駆除される対象となっている。「虫ン口止」のネズミ流しの由来は以下のとおりである。


……ある女が竜宮にウフマミ（平たくて小さな小豆）を盗みに行った。女はウフマミを盗みに来たことが分からぬよう、わざわざ女の赤ん坊を連れて行き、その赤ん坊の陰部に二、三粒しのばせて持ち帰った。

竜宮の神様はウフマミが人間にわたったことを知ると、竜宮の生き物であるネズミを遣わせて「ウフマミを食べてこい」と命じた。

しかし、崖いっぱいに茂ったウフマミはにおいが独特で、結局、ネズミは躊躇してこれを食べなかった。

ネズミは竜宮から仕返しに訪れた使いとして人間に捕えられ、両手両足を棒に結び付けて錘をつけて海に沈められることになった……


「虫ン口止《ムシンクチ》」は、害虫駆除の祈願行事で、区長方の選日に依り、旧暦二月下旬「ひのえ（丙）」の日にはじまり「新門《アラソー》・中門《ナカソー》・止門《トウミソー》」と三回にわたり、旧暦三月の下旬の「ひのえ」の日にかけて行われる神行事であった。

「新門《アラソー》」は旧暦の二月下旬の「ひのえ」の日に行う。この日、朝から区長、耕作者が畑より虫類、かたつむり、イナゴなど取り集めて、宮小拝所の前に持って来て、ノロが拝所に祈願してから害虫を一ヶ所に集めた。その後で、「サレーク」という棒を七節ある杖でつくり、その「サレーク杖」で虫をつつきながら呪文を唱える。

……ユダヤーガ、マガヤーガ、アヌ底《スク》、クヌ底《スク》、荒ラチ歩《アッ》チュシガ、荒ラシン、シミランドー、アマラシン、シミランドー、ジレー七底《ナナスク》、クン落《ウトゥ》チトラスンドー、ユン落チトラスンドー……

この一日は青物の刈り取りや、植えたりすることを禁じていた。呪文の唱えが終わると「サレーク杖」は焼却した。

「中門《ナカソー》」は旧暦の三月上旬の「ひのえ」の日に行い、この日の行事は先の「新門」と同じく害虫を取り集めて祈願し、呪文をかけて焼却したという。手順は全く同じ様にして行う。しかし、この日は種蒔、植付、青物の収穫が許されている。

「止門《トゥミソー》」は旧暦の三月下旬の「ひのえ」の日に行う。この日は「口止《クチトゥミ》」とも言われており、最後の害虫駆除の行事である。「新門《アラソー》」・「中門《ナカソー》」と同様に害虫を取り集め、呪文をかけ、「サレーク杖」でつつき焼却し、宮小拝所に麦穂を供え祈願する。新城家（東集落）のユノーシ神棚に同様に麦穂を祀り、祈願は「害虫が発生しない様に〈とどめ〉」と豊作を祈願した。

この日は「新門《アラソー》」の時と同様に、青物刈り、収穫、植付けは禁じられている。

久高島のハマシーグ

久高島の害虫祓いの祭りである「ハマシーグ」と、「虫ン口止」の世界観は同じである。害虫祓いの祈り、作物の無事な成長を祈願することを目的としている。久高島では、島人は庭や畑で作物に付く虫たちを捕らえ、葉の包みに入れて、夕方にユランヌ浜（ユランバマ）近くの祭りの場に集める。「ハッシャ」

（村頭）のひとりがユランヌ浜（ユランバマ）に降り立って、芭蕉で作った筏に虫たちを乗せて、西の海にある異界へと流している。

「柴指（差）し」は、異界との繋がりを意識させる行事である。祖霊の世界と現世の境界を示す儀礼とも言え、旧暦八月一〇日に、家々で屋根の四隅に柴を差す行事であった。

村の行事として午後二時ごろより、ノロ、神人、区長、そして耕作者の代表である「耕作当方」によって「柴指行事」が始まる。五殿（五つの拝所）を廻って祈願を終え、午後五時ごろから「ンナトゥ折目《ウユミ》」の祭祀行事を行う。「柴指行事」は、沖縄諸島では広く行われる祭祀行事であるが、「ンナトゥ折目」は粟国島に独自の村の神行事である。

当日は「柴指」と「ンナトゥ折目」の二つの行事が行われる。まず家々ではノロ、神々、区長、耕作当方が、「柴指行事」の殿廻りの拝みに出立する前に柴指しをする。

ススキ（グシチ）一本と、桑の小枝を一緒に束ねたものを一組として、必要数をつくって準備をする。それらを持って、最初に住家の四隅、東の隅の軒から、南の隅の軒、西の隅の軒、北の隅の軒と差して廻るのである。それから家畜小舎、あるいは納屋の隅々に差していく。この「柴指行事」は、豊年祈願の農耕儀礼と祓い清めの行事であるとも伝えられており、農具や家具にも差すのが慣わしであった。

『琉球国由来記』の「粟国島年中祭祀」の項には次のように記されている。

……八月柴指、日撰拝ミ粟赤飯仕リ、火神前先祖霊前へ居上家中喰。
次日柴指、芋神酒四ツ、地人ヨリ取合セ、八重ノトノ、安次富ノトノ、

柴指の魔除け

カキノトノ、濱ノトノ、泊ノトノ、五トノへ居テ御香上ゲ、巫、根人、根神、御タカベ、サバクリ、頭頭、拝四ツ仕、二日遊申也。オレヅミ夏大祭之時御唄同断……

旧暦八月九日の「カシチー折目《ウユミ》」と、一〇日の「柴指行事」の二日にわたる行事について述べられている。すなわち、「八月柴指…先祖霊前へ…」とあるのは、先にも詳しく述べた九日の「カシチー」のことで「次日柴指、芋神酒四ツ、地人ヨリ取合セ…」とあるのは一〇日の「柴指」の行事を指している。『琉球国旧記』の「地方年中行事」の項や、『琉球国由来記』の「王城之公事」の項に「芝（柴）ヲ指由来」として記されている。

……昔、南風原間切黄金森近くで牛を飼っていた若者が、にわか雨にあい近くの或る墓の庇に駈け寄って雨宿りをして居た。すると墓の中から若い女の声がした。

若者は大変驚きながらも、お前は誰であるかとたずねると「私は兼城按司の娘ですが私が眠っている間、如時のまにか、ここに入れられていました。どうか私の家に知らせて助けて下さい」と言われた。

これを聞いた若者は早速、兼城按司にその事を知らせると、一家は夢かとばかりに喜び、早速赤飯《カシチー》を炊いて祖先霊前に供えた。巫女に拝みをさせ墓に行き、外間崎から取って来た桑の枝とすすきの株で、妖気を祓って娘を連れて帰りお祝いをしたという。

そして娘のことを知らせた若者は、安平田《アヒダ》といい、その後に兼城按司の婿養子となったとあり、また国王がこれを聞いて、めでたい話しだとして王城から人民に至るまで柴差しを行わせたとされている……

このように柴指の行事は、南風原間切にあった伝説が起源だとされているが、柴指と同じ日に村々において、農産祈願の行事も行われたところもあるという。

一、大宜味間切＝柴指之時、神酒一（前田大屋子）同一、魚二斤半（屋古前田村百姓）田湊巫祭祀也。
一、伊平屋島＝神酒、赤飯、肴相調、村々神アシアゲニ、タモト座仕、ノロ、掟神申請、御祭仕リ、ヲヱカ人、サバクリ、御拝仕也。
一、渡嘉敷間切＝毎年柴差、御日撰拝ミ、三日前ニ、地人ヨリ米神酒作リ、早朝、銘々家々柴差、神アシアゲニ、ノロ、根神申請、神酒一ツ、御五水、魚肴居テ、地頭並夫地頭、オヱカ人朝衣着シ、百姓中出合、ミハイ仕也、神酒、御五水巫、根神ニ馳走ヲ致ス。各呑申也。此時ノ御唄稲ノ穂祭同断

以上のように、沖縄本島北部の大宜味村と伊平屋島、渡嘉敷島の事例が触れられているが、柴指の行事と同じ日に植付けをし、収穫の祈願をする儀礼が広く分布していった。

また、この時のお願い言葉に「一〇月ガナレバ、ヨカル日ヨヱラデアマタネハマキオロチヘ、シラタネハ、マキオロチヘ…略…五月ガナレバ、シラモモニナラバ、赤モモニナラバ穂サキトテ、アマミキヨニ、イセ祭スレ、穂本トテ、ノロ神ニ、イセ祭スレ…以下略」と収穫の豊饒を祈った。

このことから、農耕行事の稲穂祭の御唄と同じ事が唄われて、祭祀が行わ

神酒と干魚

れたことが知れる。

粟国島の神行事に関しては、「五殿に祈願し、オレヅミ、夏大祭之時御唄同断」とあり、「オレヅミ」とは三月麦大祭であり、「夏大祭」とは六月粟大祭であり、その時の御唄が「オレヅミガナレバアラムギヤガ穂花取テ若夏ガ立テバイシキヨラ穂サキトテ、穂タレ穂花トテ、祭ミキゲライテ…以下略」とある。柴指と同じ日に、農作儀礼行事が行われることは神謡として述べられていることからも知ることができよう。

以上が「カシチー」と「柴指」の行事であるが、『琉球国由来記』の「粟国島年中祭祀」の項には、「八月柴指…略…粟赤飯仕リ火神前、先祖霊前ヘ居上家中喰」の項があり、九日の「カシチー（年浴）」は家の節句であることが述べられている。

また、「次日柴指、芋神酒四ツ、地人ヨリ取合セ…略…二日遊申也」とあるのは村行事であり、各殿（拝所）には、神酒や干魚（バーイ）が用意して供えられていたとあり、ノロや神人によって祈願がなされていたという。『琉球国由来記』には、「オレヅミ、夏大祭之時御唄同断」と記されているが、御唄の謡いを知ることが出来ない。家々ではただ、柴の魔除けをつくり、家の隅々に差すだけの行事である。ススキはモノの入るのを防ぐ神聖な草であり、桑も災厄を払う力のある植物であるとされていたのである。

旧暦八月一〇日の「ンナトゥ折目《ユイミ》」は「港折目《ンナトウウユミ》」と字をあてられるが、「柴指行事」の五殿廻り祭祀行事を終えて、午後五時頃よりカキの殿において行う船頭、豊漁を祈願する行事であった。ノロ、神人によって海の幸、豊漁の祈願がなされる。そして、殿の前の道路に長い腰掛椅子を置いて道路を遮断するように置き、クバ笠をかぶって蓑を着け、腰に海ティル（かご）を下げた二人が、一人は竿に縄をつけて飼餌《ムンダニ》をつけたようにして持ち、一人が投網を持ち腰掛けの上に立って魚を捕る（釣る、網を打つ）真似をする行事を行う。

この行事をはじめる前、道路に腰掛けを置かれた時点から、人の通行を止められるので別の道を通らなければならない。魚を捕る真似の行事も、戦前までは行われ、子供たちもそこを通ったら、「魚だ」と言われて網を被せられて捕られるとのことで、廻り道して通ったという。現在は、その真似事の行事も行われなくなり、ただ祈願だけが残っている。

また粟国島においても、「ヨーカビー」（妖怪日）があり、霊前に供え祀る儀礼が行われている。旧暦八月一一日は特に強い凶日といわれており、夕食も日没前に早く済ませて、煙を出すことを忌み嫌った。また、食器やその他の物音を出すのを戒め、日没後は仕事をしなかったという。特に凶兆の現われる日と言われ、一年で最も忌む日とされている。晩方になると家々では悪霊、邪気を追払うとして爆竹《ホーチャク》を鳴らす。

旧暦八月の九日から一五日までは、日没後に夜中にかけて各集落の見渡しのきく丘に登ると、集落から煙が立ち昇ったり、火玉が上ったり、泣き声が聞こえたり、怪奇現象が起きると信じられている。他には、板音や桶底を落とす音、金槌音、変った物音や変化が見られるという現象も起こっていたと伝えられている。

所用で丘に行く人もいるが、そこから病気（腹痛、頭痛など）をして来たら一大事だということで、禁忌を守る島人が多い。また、そこに行っても大声で話し合いをしてはならず、静かにして兆候を見ることが慣わしであった。その丘に上るのは、日没前に上り方向を見定める。昔は、もし何かの兆候が現われて、その現象が起こった屋号がはっきりと分かった場合は、その家の一族に話して、御願をして祓いをしていたこともあったと言われている。

## 6　人間と動物

粟国島では、害虫払いの儀式として旧暦二月、三月のひのえの日に「虫ン口止」を行うが、これとは別に三年に一度、捕まえた野生のネズミの両手両足を木の棒に括り付け、錘《おもり》をつけて海に沈めるという儀式があることは先にも述べた。
作物に害を与えるネズミが特別視され、三年に一度、改めて駆除される対象となっているのはなぜだろうか。浦崎ミヨ氏によれば、一九三三年に老女から聞いた話では、「虫ン口止」のネズミ流しの由来は次のとおりであった。重複する説話であるが、異界と性器と豊穣が結びつく点を注視しながら見ていきたい。

……ある女が竜宮にウフマミ（平たくて小さな小豆）を盗みに行き、女の赤ん坊の陰部に隠して持ち帰った。竜宮の神はウフマミが人間の手にわたったことを知ると、竜宮の生き物であるネズミを遣わせて仕返しを命じた。
しかし、ネズミは竜宮から仕返しに訪れた使いとして人間に捕えられ、両手両足を棒に結び付けて錘をつけて海に沈められることになった……

この話は粟国村教育委員会が出版している『粟国村誌』にも記述がない。この物語に現見られるように、ウフマミを幼女の陰部に入れて持ち帰るというディテイルをはじめ、なぜか粟国島の神話はいずれも性的な生々しさや毒々しさを伴う話が見受けられる。次の説話も、異界と性器と豊穣豊漁がテーマとなっている。まさに、マレビト（来訪者）が世果報《ユガフー》をもたらす形を踏襲している。

……昔、粟国島の西部落の北の海でひとりのお爺さんが釣りをしていた。一匹も釣れず、日も暮れてきたので帰ろうと歩いていると、一匹のカマンタ（えい）がどうしたことか海岸に打ち上げられていた。

お爺さんはカマンタ（えい）と一ときの契りを結んで海に放してやった。その後もお爺さんは、この浜辺に来て魚を釣り、カマンタ（えい）のことを忘れられず、思い出すこともあった。

それから二、三ヵ月してこの浜で魚釣りをしていると、海の中から二、三歳の子供が現れて「スーエー（お父さん）」と呼ぶので驚いていると「この間は母を助けてくれてありがとうございました。お礼にお父さんを連れてくるようにと母の使いで参りました」という。

何のことかと戸惑ったが、この子供はカマンタと自分との子供であることが分かり、手を引かれて海中に入って行った。

「いろいろ御馳走が出されても食べてはいけません。それよりも、カマドの後ろにあるマムンカーミグヮー（魔物の小甕）を一つくれとねだった方がいいですよ。一生働かずに暮らせますから」と言われたので、そのようにした。

カマンタ（えい）は三本ある小甕のうち一本をくれたが「この小甕のことは決して妻、子、兄弟に放してはいけない」と助言を受け、小甕を村はずれの洞窟に置くようにと言いつけられた。

こうして小甕をもらって浜辺に戻ったお爺さんは、言われたとおりに小甕を洞窟に置き、畑仕事の往き帰りには洞窟の中で食事をとるようになった。

しかし、一日中食事をとらないお爺さんをおばあさんは不思議に思って嫉妬し、ある日たっぷり酒を飲ませて問い詰めると、お爺さんは小甕のことを話してしまった。それから「眠いから寝かせてくれ」と言って横になったが、腹が膨れて死んだとのことであった……

そういった粟国説話と類似性のある事例として、宮古島宮国の「ンナフカ」の祭祀の伝承が挙げられる。宮古島の竜宮伝説は、マサリャという若い漁師が美女に変身した「えい」と交わった後、子供に手を引かれて竜宮に行き、酒の尽きることのない瑠璃壺を持ち帰るという話であった。粟国島の竜宮伝説では、女性には縁も興味もなさそうに見える「お爺さん」が、美女に変身すらしない「えい」と交わって竜宮に招かれ、食べ物が尽きることのないマムンカーミグヮー（魔物の小甕）を持ち帰るという物語になっている。

宮古島の「ンナフカ」の祭祀に関しては、若い漁師と海の生き物が変身した美女と結ばれるという異類婚譚の背景には、海の生き物を用いた海の男の自慰行為の秘話があることに影響しているとも捉えられる。これは、久高島のある海人から聞いた話でもある。お爺さんと海の生き物との交接の物語である粟国版竜宮物語は、まさにその事実を直接的に裏付けている逸話と考えられる。

粟国村の旧暦一月元旦から一二月大晦日までの年中行事の中で、かつては「三十三拝・九拝仕ル也」とある拝し方をしていたという。立って合掌し頭を四回下げた後、下げた手を一〇回、後に振ること一〇回繰り返し、三回振ることを一回するのが三十三拝であるとされている。この礼拝が、人間と動物の合一をイメージしていることについて触れておきたい。

河村只雄著の『続南方文化の探究』（一九四二年）の中に、粟国島の神事の項がある。

……粟国の神事の内で特に面白く思ったのは神様を拝むとき鶏が羽ばたきをする様なまねをしてから

合掌して拝む習慣が存していることである。沖縄本島の知念村のセイファお嶽でもそうしたおがみ方をすると、その地方出身の知念訓導がいっていた。何故鶏のまねをするのか解らぬが或いは「もう夜が明けました。神様もおきて下さい」と神様に御願いするのかも知れない…略…鶏の鳴声は神秘的な力が秘められている…略…とにかく鶏の鳴声は魔物を追払ふ最も効果的な方法だと考えているらしい。そうしたことを考えるとバタバタと腰のあたりをたたいておがむのはやはり鶏のまねかも知れない…

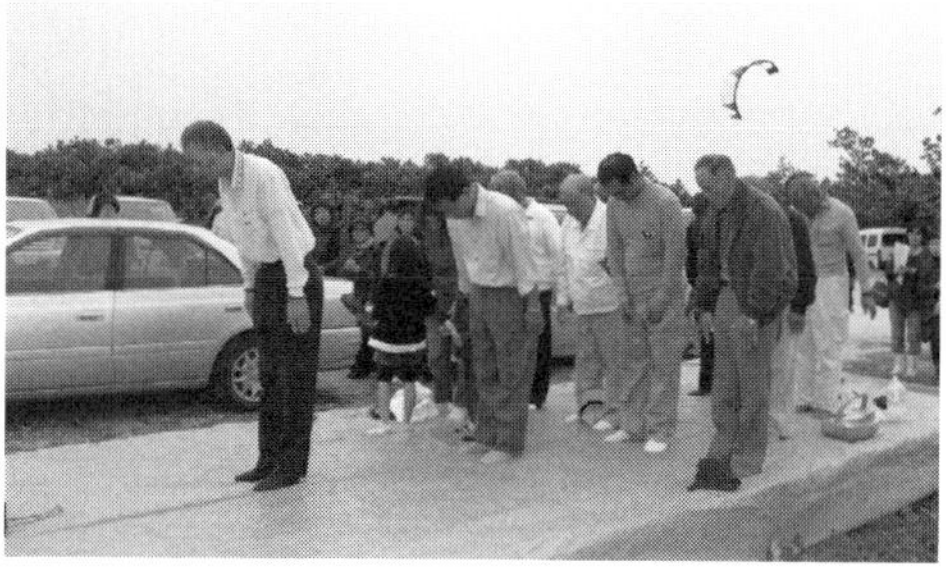
三十三拝・九拝

　河村只雄氏は鶏の真似をして神を拝むと指摘しているが、鶏の真似をしたら魔物が逃げるということは一般に俗信として知られている。このような呪術的な真似《しぐさ》をして神を拝むことと同一説としてとらえ、「おがむのはやはり鶏のまねかも知れない」と述べている。

　河村只雄氏は沖縄の昔の礼拝の仕様を知らず、いわゆる「三十三拝・九拝」の拝み方の手を後に振り拝むのを鶏の羽ばたきと見てとり、このような仮説が生まれたが、それに対して、浦崎春雄氏のノートでは懐疑的な記述があった。

　一九四一年頃に「三十三拝・九拝」の拝み方が残っていたかが真実を知る手がかりとなっている。浦崎春雄氏は一九二一年生れであり、小さい子供の時分、七月盆など、祖父に促されて仏壇に向かって、祖父の真似をして、一緒に御拝していたという。御拝を「ミヘー」または「ウミヘー」といった。つまり立って合掌して坐りおじぎをすることを三回位くり返す拝み方をしたという。しかし一九四一年頃からは、その御拝も見られなくなったというが、粟国村の人が神を拝むとき、バタバタと腰のあたりをたたき拝んでいたようである。

浦崎春雄氏の民俗誌ノートからは、粟国島の祭祀・儀礼がリアリティを持って現れてくる。そういった意味で『粟国島年中行事』や家族からの聞き書きは非常に重要で、島人の世界観を今に伝えてくれると言えよう。

# 第四章　古宇利島の祭祀・儀礼

古宇利島《こうりじま》は、沖縄本島北部の屋我地島の北に位置し、今帰仁村に属する。島の周囲は八キロメートル、人口は約三六〇名、一七〇世帯あまりが住む島である。二〇〇五年に、二キロメートルの古宇利大橋がかけられ、離島から「架橋離島」となった。

古宇利島では、島人たちが「イノー」で漁《イザリ》を行い、海藻や貝を拾い、「海の畑」の恩恵を受けていた。古宇利島の神人たちは、タコ（タクー・タフー）は〈多幸〉や〈多果報〉の象徴であると解釈している。祭祀のとき、茹でたタコを吊るし、「ユガフー」（世果報）を祈り、「タクー」（多幸）を導くといった言葉掛けの神事もある。古宇利島も「神の島」とも呼ばれ、「アダムとイヴ」と類似した伝承があり、古くからの祭祀が今なお神人により継承されている。

沖縄本島北部の本部《もとぶ》半島にひろがる今帰仁村は、一四世紀初めより北山王が今帰仁城《なきじなぐすく》に拠点を築き、交易によって栄えた地であった。御嶽信仰も色濃く残っており、「今帰仁上り《なきじんぬぶい》」という聖地・旧跡をまわる巡礼も盛んである。琉球開闢伝説につながりのある聖地も数多く有している。その村人たちが神聖視してきた「神の島」が、本部半島の北東に浮かぶ古宇利島である。

人類発祥伝説が語り継がれる「神の島」でもあり、古来より神人《カミンチュ》たちによって神事が執り行われてきた。脈々と受け継がれてきた神行事・祭祀を背景として、「シマ」（村落共同体）の成り立ちとそれに伴って形

古宇利島の全景

成された世界観、神観念などがいきづいている。旧盆明けの最初の亥の日に行われる「ウンジャミ（海神祭）」という神行事は、シマ（村落共同体）にとっても最大の祭りである。しかし、担い手である神人組織は崩壊し始め、年中行事も簡略化・消滅する危機にある。

神人が減少し続ける現在、「ウンジャミ」だけでなく、年中行事を維持することさえ困難となっている。二〇〇八年の「ウンジャミ」は、塩屋への神送りは二名の神人だけで行われている状況であった。かつては「旧正月」からはじまり、「タキヌ御願」、「サーザーウェー」、「海神祭《ウンジャミ》」、「解き御願《プトゥキウグヮン》」に至るまで、四〇件を越えていたという。

二〇〇九年には古宇利島の一年間の神行事は、神人が四名になってしまった。七森七嶽への「タキヌ御願」に始まり、年中行事をへて、ハレの日である「ウンジャミ」「豊年祭」へと繋がっていく。神人が四名の状態でも、存続しつづける年中行事から見えてくるものがあった。

## 1　古宇利島の神行事

『古宇利誌』で記載されている年中行事は、「旧正月」からはじまり、「解き御願」に至るまで四二件あったとされている。二〇一〇年の時点では一五件ほどが細々と受け継がれており、神人が四名の状態でも神行事は存続しつづけていた。

「字古宇利《あざこうり》」はシマ（村落共同体）の生活を支える自治組織である。二〇〇九年度の区長である小浜美千子氏は、祭祀のときに神人を支える役割も担っていた。字《あざ》古宇利を統括する区長に、小浜美千子氏が再任して、途絶えそうな神行事を何とか維持していた。祭祀においては、神人の中心的な役割を果たしているのが兼次房江氏であった。また、ユタ的な役割も果たしている渡具知綾子氏は兼次氏を支える重要な役割であった。

二〇〇九年の旧正月の御願《ウガン》があった。旧暦の元旦は早朝から新年の祈願をするために、島の人々がお宮の「クワッサヤー」に集まってきた。お神酒と塩、そして「ビンシー」という箱に入れた供え物をささげ、御願をする。神人の音頭で、一年の健康を願い、乾杯をする。つづいて、若水をとっていた井戸「アガリガー」と「イリガー」において御願をする。最後に集落の東のはずれで、七つの御嶽「ナナムイ」へのお通しの祈りが捧げられた。祭りの永続を祈るように、一年の始まりの儀礼は厳かに始まった。

ユーニゲーの祈り

神人たちの祈りで重要なのは、島人の「世果報《ユガフー》」であろう。

二〇〇九年八月一四日、古宇利島では旧暦六月二四日の夕方から「ユーニゲー」の祭りが行われた。「ユーニゲー」は〈豊穣願い〉の意味であり、村人の幸福や繁栄と平和を願うものであった。郷土史研究家の仲原弘哲氏によれば、「ユーニゲー」は「世果報願い」、すなわち「ユーガフーネガイ」に起源があるとされている。

夕方七時すぎ、ヌルヤーに神人三人が集まってきた。区長の小浜美千子氏が供え物の準備をし、御願《ウガン》が始まった。兼次フサエ氏、玉城幸子氏、玉城タエ氏が祈りを捧げた。神人たちが「ユーニゲー」の唄を謡い始め、吊るされたタコの回りを三回廻った。古宇利島のユーニゲーの時、タコを吊るしてあるのは「多幸」（タコー・タフー）に掛けてのことであると言われている。

サブセンターに移動し、天井にタコが吊るされた。再び神人たちがユーニゲーの唄を謡い始める。吊るされたタコの回りを唄を謡いながら三回廻った。御願が終わるとタコが配分され、お神酒が回された。ヌルヤーにタコが運ばれ、神々に捧げられた後で参加者に配られた。後半のヌルヤーの御願《ウガン》からは渡具知綾子氏も加わり、神人たち四名が数人の島人が見守る中で最後の祈りを捧げていた。「ユガフー」（世果報）を祈り、「タクー」（多幸）を導くといった言葉掛けの神事は、古宇利島の静かなる祭祀を象徴していると言えよう。

このように年中行事は、区長や神人を中心に支えられていた。古宇利島の祭祀は旧正月からスタートし、旧暦一〇月のタキヌウガンまでが一連の流れである。しかし、島人の生活も大きく変わり、年中行事の多くは廃れ、消滅する危機にあった。そのような中で、筆者は、今帰仁村歴史文化センターの仲原哲弘氏に映像記録者として同行することになった。

旧正月からスタートし、旧暦の一〇月のタキヌウガンまでの流れを次に記してみたい。

【古宇利島の年中行事】（二〇〇九年度）

①旧正のウガン（二〇〇九年一月二六日：旧暦一月一日）
②ムシバレー（二〇〇九年五月一二日：旧暦四月・日選）
③プーチヌウガン（二〇〇九年五月一四日：旧暦四月二〇日）
④嶽御願（タキヌウガン）（二〇〇九年五月一八日：旧暦四月二四日）

⑤五月ウマチー（二〇〇九年六月七日：旧暦五月一五日）
⑥神下り（カミサガイ）（二〇〇九年八月一三日：旧暦六月二三日）
⑦ユーニゲー（二〇〇九年八月一四日：旧暦六月二四日）
⑧サーザーウェー（二〇〇九年八月一六日：旧暦六月二六日）
⑨ピローシ（二〇〇九年八月一七日：旧暦六月二七日）
⑩海神祭（ウンジャミグヮー）（二〇〇九年九月一四日：旧暦七月二六日）
⑪海神祭（ウンジャミ）（二〇〇九年九月一五日：旧暦七月二七日）
⑫豊年祭（二〇〇九年九月一六日：旧暦七月二八日）
⑬ミチュンウガミ（二〇〇九年九月二八日：旧暦八月一〇日）
⑭プーチウガン（二〇〇九年一一月一八日：旧暦一〇月日撰）
⑮タキヌウガン（二〇〇九年一一月二二日：旧暦一〇月日撰）
⑯ムユウイミ（ウットミ・パットミ）（二〇一〇年一月一六日：旧暦一二月二〇日）

古宇利島の神人たち

この中でも、旧暦八月一〇日に行われる「ミチュンウガミ」は注目に値する。これは久高島では「八月マッティ」に相当する。旧暦八月の祭祀をいくつか比べてみると、地域によって行われる日は異なり、そして名称も異なっている。古宇利島の「ミチュンウガミ」は、他の地域ではみられない要素をもっている。「ミチュンウガミ」は〈神行事の終わり、締めの御願《ウガン》〉との認識があり、「ミチュン」は「満ちるや終わる」の意味であるという説もある。

午後二時ごろから〈神アサギ〉に神人たちが集まり、区長と書記が供える品々を揃えて届ける。〈神アサギ〉での御願《ウガン》を古宇利春夫氏が取り仕切り、お盆に盛った米の山に線香を立て、「ナカムイヌウタキ」

（中森ヌ御嶽）に向かって御願をする。供え物は酒・米・線香・餅を二つづつ入れた包みである。餅は参加した神人に配られる。

〈神アサギ〉での御願《ウガン》が終わると、「ナカムイヌウタキ」の西側へ神人は移動する。そこで御願《ウガン》の唱えを奏上し、「ナカムイヌウタキ」に向かって手を合わせ、「神行事の御願が終わった」と報告する。古宇利春男氏は〈神アサギ〉の儀式だけで、そこには参加しない。

「ミチュンウガミ」にどのようなことを御願《ウガン》に込めているのかという疑問に対して、郷土史研究者の仲原弘哲氏は、次のように分析している。

……旧暦の八月は、どの地域でも農作業が一段落する月で、農閑期となり豊年祭《ムラウドゥイ》が行われていた。古宇利島では海神祭の翌日が豊年祭となる。宮城真治の資料では、「八月上旬に水祭」とあるがそれは雨乞いの御願《ウガン》である。雨が少なく、雨が欲しい時に雨乞いの御願をしていたという。ミチュンウガミは「神行事の終わり、締めの御願」との認識がある。この頃、雨が降らないので「雨乞い」の御願も一緒にしたという。

古宇利島の「ミチュンウガミ」のように旧暦八月に行われる行事は、沖縄本島の村々や島々では次のように呼ばれている。

・八月八日　「トーカチ」（家行事）　沖縄諸島各地
　　　　　　「ミジマチ」（家行事）　古宇利島
・八月九日　「シバサシ」（柴差）　粟国島・今帰仁村今泊など

・八月一〇日　「ヨーカビー」（九～一三日の間）　粟国島・与那嶺など
「ミチュンウガミ」　古宇利島
「シバサシ」　久高島・与那嶺など
「八月カシチー」（小豆入りの赤強飯を供える）　沖縄諸島各地
・八月一一日　「ヨーカビー」　久高島・今帰仁村今泊など
「イリチャヨー」　伊是名島
・八月一五日　「フチャギモチ供え」（家行事）　古宇利島

また『神の島古宇利』（宮城真治、一九二六年調査）には、「八月十日のみ出る居神四人」と「八月十日柴差」についてのメモがある。

・八月上旬に水祭といって餅・肴・香幸を持って墓参をする。
・八月十日柴差　十日に屋敷にしめ縄を廻らした（九月家々で毛作の御願あり）。
・八月十五夜　家々で月祭があった。今も旧家はする。トージミ餅、大なる丸餅を切ってつめて祖先に上げて月を見ながら宴をする。

古宇利島での柴差の行事は、シマ（村落共同体）の祭祀ではなく個人的なものである。一方で久高島はシマの公式の行事として「八月マッティ」を行った。

宮城慎治氏のいう水祭は、雨がなく干ばつになりそうな時、ナカムイの南側で水捲きをして雨乞いの御《ウ》願《ガン》をする儀礼（不定期）を指しているという。また、「ミチュンウガミ」の御願は、雨乞いの御願も兼ねての祈願がなされていた。「ナカムイヌウタキ」（中森ヌ御嶽）に向かっての御願が終わると、〈神アサギ〉の中で餅が配られた。「ナカムイヌウタキ」の南側へ移動し、「ナカムイヌウタキ」の聖域に向かって御願して締めくくった。

古宇利島の最大の祭祀「ウンジャミ」は、海の神のみでなく、拝む場所や祈りの仕草、祭りの道具などから、様々な意味を持った祭りであると言えよう。なぜなら「ウンジャミ」の前日に行われる祭り「ウンジャミグヮー」に、入念な準備に古代の面影が垣間見えるからである。

早朝、神人が〈神の浜〉といわれる「ウプドゥマイ」（大泊）に降りて、弓《ヌミ》を洗って清める儀式がある。そして、〈神アサギ〉に洗い清めたヌミ（弓）と神衣装、ハーブイ（リュウキュボタンヅルの草冠）を持参して集まった。

神衣装をはおった神人たちは、〈神アサギ〉の中から「ナカムイヌウタキ」に向かっての祈りを始める。その後、〈神アサギ〉の庭である「アサギミャー」に出て、四人の神人がコの字型の線上を三回往復して、「ウンジャミグヮー」は終わる。

祭祀の中で次の三点から、原初的な祭祀の姿が浮かび上がってくる。

・弓《ヌミ》を洗い清める儀式
・神アサギ内でウタキに向かってする御願《ウガン》

三回往復する神人たち

弓（ヌミ）の儀式

・アサギミャーでの三回往復の所作

弓《ヌミ》の儀式、御願《ウガン》の意味、三回往復の所作から、具志堅の「シニグ」の一連の流れと、古宇利島の海神祭の一連の流れが繋がり、今帰仁グスクと関わる、今帰仁村今泊《いまどまり》の「海神祭《ウンジャミ》」の流れの復元が可能である…と郷土史研究者の仲原哲弘氏は指摘している。

今帰仁ノロを中心としたシマの祭祀と、監守や今帰仁阿応理屋恵《あおりやえ》にまつわるグスクの祭祀は別物であり、時代の流れを遡ると、グスクでの祭祀が出来上がった後で、今帰仁ノロによるムラ中心の祭祀へと変容したことが伺えるという。つまり、グスク時代の祭祀の影響を受ける前の〈ムラの祭祀〉が垣間見えてくる。

祭りは生き物であり、時代の流れで変わっていくものである。二〇〇五年になって古宇利大橋がつながり、島人の生活も大きく変わってしまった。だが神人たちが参加する祭りだけは、かろうじて続けられている。日々つつがなく生きていけることを、神々に感謝する祭りによって、「神の島」はかろうじて昔の面影をとどめているのである。

## 2　創世神信仰

アジア各地では多種多様な「神話」が語り継がれているが、これらの物語で語られるコスモロジー（世界観）には、共通したテーマとして民俗学上でいう「象徴的二元論」が織り込まれていると言えよう。創世神話に見られるモティーフには男神と女神の衝突や協働など、両性間の二元論的作用が描かれている。

古宇利島の創世神話もアジア各地に広がる男女二神の物語であり、旧約聖書のアダムとイブ伝説と酷似している。

……はるか昔の事であった。古宇利島に、男と女の子供が二人いた。彼らは、毎日天から降ってくる餅を食べて平和に暮らしていた。勿論、何も身につけずに裸で暮らしていた。

　ある時に、何時も降ってくる餅が来なくなったら…と考えて、食べ残しの分を蓄え始めた。そうすると、やがて天からの餅が降ってこなくなってしまった。二人は驚いて、天に餅を降らせてくれるように祈ったが、いっこうにその気配がない。お腹がすいてきたので、仕方なく海岸に行って貝を集めて食事をとった。それ以来、人間は働いて必要なものを得ざるをえなくなってしまった。

　そんなある日、海岸でジュゴンが交尾しているのを見た二人は、男女の交合を知った。それと同時に、裸でいることが恥ずかしく思えてきて、クバのはっぱを腰につけて物を身にまとうということも覚えていった……

以上が、古宇利島に伝わる伝説である。古宇利島の「ウンジャミ」(海神祭)は創世神話とも絡んでおり、旧盆明けの最初の亥の日(旧七月二七日)に行われる。海の神の祭り「ウンジャミ」は、海神を祀るだけでなく、様々な祈りが含まれている。

まず最初に、「神アサギ」の中から、「ナカムイヌウタキ」に向かっての御願《ウガン》をする。神人の持つ「ヌミ

ヌミ(弓)を持って祈る神人たち

（弓）」と棒は、山の恵みを得る道具、舟を漕ぐ道具、作物を計る道具を意味しているという。

唐船の旗「トーシンケージ」には、航海安全・豊漁祈願が込められている。「アサギミャー」で旗を持ちながらコの字に回って、祈りを捧げる。本来は七回廻っていたものであり、その七は「七森七嶽」（ナナムイ・ナナタキ）の数を表しているとも言われている。

最後に、神人たちは東方に向かって祈願するが、これは沖縄本島にある塩屋集落に向かって祈りを捧げている…という見方もある。根人《ニーチュ》の役割をする男神人が加わって、弓《ヌミ》を持った神人と、神アサギ内に座した神人が道具をつかって儀式を行っていく。

弓《ヌミ》で穀物を計るのは、穀物の出来具合を測る真似をすることを意味しており、五穀豊穣を願っている。天から餅を降らす所作は、米の豊作を祈り、先に記した人類発祥の伝説を模した仕事であると言われている。

男女の交接の神話にまつわる拝所が「フンシヤー」という家の庭にある。祭祀を司る男のフンシー神を出す家の屋号であり、男神人の古宇利春男氏の先祖が拝所を受け継いでいる。「フンシヤー」の庭には小さな祠があり、男根の石が納められていた。人類発祥や、島の繁盛を願った聖なる石とされている。

今では行われていないが、子孫繁栄を願い、男女のまじわりを表す儀式があったという。庭での儀式は、小さな祠を舟の舳先《へさき》に見立てて、二本のロープで舟の形をつくる。ロープの中に弓《ヌミ》を持った神人が入り、後ろの方では海勢頭《うみせど》の神役を務める男神人がロープを持つ。

フンシヤーでの舟を模した所作

シラサで祈る神人たち

カミミチを通る神人たち

弓《ヌミ》を持った神人たちが、舟を漕ぐ動作を七回する。七という数が大切にされるのは、島の人々は七つの集団に分けられていたことに由来すると思われる。

「フンシヤー」から「シチャバアサギ」に移動する道を、「カミミチ」〈神道〉と呼んでいる。「ナカムイ」で招いた神が降りた神人たちを、導いていく道であった。「シチャバアサギ」とは、「下にある〈神アサギ〉」を意味する。今では〈神アサギ〉の聖域の一部は、島を一周する道路で舗装されてしまっている。

神人たちは「シチャバアサギ」に戻り、弓《ヌミ》を置いた。それから大きな棒を持って、漕ぐ仕草を七回繰り返す。これは山原船の帆かけ棒であると言われ、舟の航海安全の祈願をしている。さらに穀物を計る仕草とも言われ、五穀豊穣も祈願する。

神の浜「ウプドゥマイ」では、かつて、神人が浜に降りて手足を清めていたと言われている。ウタキ〈御嶽〉を巡って祈りをする神人が、五穀豊穣や豊漁や、航海安全、島の繁栄を祈り続けながら、浜へと下りてきたという。最後には島の悪しきものを、海へと流す意味があった。

「神アサギ」が二つあった時代があり、島に二つの行政ムラがあった証とされている。そのため〈上の神アサギ〉と、〈下の神アサギ〉で同じようにコの字型に往復する動きをする。近年は三回になっているが、もともとは七回の往復を繰り返していたという。

岬の突端のシラサでは、神人たちが一列に並び、東方へ向かって、舟を漕ぐ真似をする。これは「ウンジャミ」の時もそうであるが、神人たちが、沖縄本島の姉妹関係である塩屋集落に神を送っている仕草であるとも言われている。

爬龍船競漕である「御願《ウガン》バーリー」の前に、羽織を着た漕ぎ手たちがお宮に祈りを捧げる。祈りが終わると、神の浜「ウプドゥマイ」から、ハーリー舟がつぎつぎと出て行った。島の悪疫を流すために、ハーリー舟に託す行事と考えられている。東《アガリ》・中・西《イリ》の三組の舟が速さを競い合い、豊作か、凶作かを占う儀式でもあった。二〇〇九年は、東から豊作を引き寄せる西組が勝った。その日の夜は、村人は相撲を楽しんで締めくくる。活気のある歓声で、あたりは盛り上がっていた。

古宇利島の豊年祭は海神祭の翌日、旧暦七月二七日（二〇〇九年九月一六日）に行われた。「豊年祭」は、沖縄本島の海神祭と呼ばれる祭りと同じものであると考えられている。豊年祭の最大の目的は、「海神遊《かいじんゆう》」と「祈豊年《きほうねん》」であり、その祈りを神人が司っている。前日のハーリーの日、「海神遊」、「祈豊年」と書かれた二本の旗頭が港の会場に立てられるのは、そのためであった。したがって、古宇利島の「豊年祭」が「海神祭」とも呼ばれるのは、二つの祭祀であったものが連結したものと考えられよう。

豊年祭の「道ジュネー」が始まった。「道ジュネー」とは行列のことで、長

道ジュネーと奉納芸能

者の大主を先頭に子供たちがつづき、サブセンターから歩きはじめた。ムラヤーの跡地で、二本の旗頭と合流した。旗頭を真ん中にして、輪になって踊りを繰り広げる。

古宇利島の「豊年祭」は、「ウンジャミ」(海神祭)と連続して行われ、一体となっている。実はこの連結した形が元々の祭りの原型であったと考えられている。沖縄本島の多くの地域では、二つの祭りは分けて行われるのが一般的である。

島人たちは旗頭を先頭に、〈神アサギ〉のある豊年祭の会場へ移動し始めた。舞台の正面にむかって座る神人たちが、旗頭の到着を待っていた。すぐに神人たちは、舞台の裏にある「ナカムイヌウタキ」(中森ヌ御嶽)に向かって祈りを捧げる。

豊年祭の舞台芸能がはじまった。長者大主《チョウジャヌウフス》や奉納芸能がつぎつぎに踊られる。近年になって、新たに二頭の獅子が登場するようになった。最後は、日本本土の影響をうけた芸能「すんどう」で奉納芸能は終わった。

神人たちや踊り手たちが、ウタキにむかって締めの御願《ウガン》をする。カチャーシーで盛り上がるなか、島一番のにぎやかな祭りは幕を引いたのであった。神人たちが司る祭りは、形を変えつつも、神行事として年中行事は続けられていた。島人が見ていないときでも、フンシー神をはじめとする神人たちは、島の人たちのために、神々に静かに祈りつづけていた。

神々の祭りのゆく末を、案じる声も出てきている。しかし、古宇利島の人々が、日々の営みを神々に感謝し、海と島とともに生きる思いは変わっていない。

## 3　水神信仰

若水《ワカミヂ》の儀礼は、元旦の未明に日ごろ使用している共同留池や井戸より水を汲んで来て、お茶を沸かして神前と霊前に供え、その水で御飯（若ンバイ）を炊き、汁、肴などをつくって祀った。そして顔や手足を洗い、口をゆすいだりして、一年の無病息災を祈ったのである。水を汲むときは、〈水起し〉と言って小石を水面に投げ込み、水を起こすとされている。それゆえに、水神を起こす儀礼とも言われている。

水神にまつわる精霊信仰の祭祀としては、アジア全体に目を向けると、タイやミャンマーにおいて、新年祭の一形態として「正月儀礼の祝砲」が残っている。これは「ソンクラーン」の期間中に祝砲を撃つといった音を重視した儀礼である。旧年の悪霊を大きな音で驚かせて退散させ、水を掛け合って祝事を迎え入れるという意義があり、タイの「ピー」やミャンマーの「ナッ」といった精霊への信仰が反映された祭りであると言える。

古宇利島でも若水に対する信仰は、旧暦の元旦の行事で垣間見ることができる。早朝から、旧正月の御願《ウガン》で新年の祈願をするために、島の人々がお宮の「クワッサヤー」に集まってくる。お神酒と塩、そして「ビンシー」という箱に入った供え物をささげ、神人の音頭で一年の健康を願い、乾杯をす

旧正月で祈る神人たち

井戸で祈る神人たち

る。続いて、若水をとっていた井戸「アガリガー」と「イリガー」に赴き、御願《ウガン》をする。最後に集落の東のはずれで、「ナナムイ」（七森）へのお通しの祈りが捧げられる。

東南アジアにおいては、水神信仰とつながる「水掛け祭り」が数多く見受けられる。タイの新年祭「ソンクラーン」、ラオスの新年祭「ピー・マイ」のように、「新年の祭り」としても扱われる場合がほとんどである。もともとは農耕民にとっての一種の「雨乞い祭り」であった。雨神でもある河神の「ナーガ」に対し、豊作に適切な量の雨を降らすように祈ったのが原型であるとされる。他方で、タイでは上座部仏教の色彩が濃い「僧侶の沐浴の儀」が受け継がれており、僧侶に水を掛けるのは、仏陀に水を差し上げる行為と同義であると考えられている。

水の精霊に対する信仰心を深めることで、不浄なものを洗い流して心身共に清くなるように祈願するのを目的とし、「新年に水を掛ければ、旧年の穢れが水の霊力で洗い清められて福がくる」という信仰に基づいている。水神の「ナーガ」の孫娘が出産した息子が王朝を開いて山地民を支配したという物語があり、王権起源神話には「水」の民と「山」の民という二項対立がある。

さて、古宇利島の水神信仰に話をもどすが、「イリヌハー・アガリヌハー」（西の井戸・東の井戸）の水は、一九七七年に海底からの水道の送水管が島に導入されるまで、島の生活用水として大切に使われてきた。郷土史研究者の仲原弘哲氏は、島の古老から水汲みの思い出話をよく聞いたという。井戸は、島人のコミュニケーションの場でもあったのである。「イリヌハー」は塩分が強く、生活用水には適さなかったようである。また「アガリヌハー」は男性、「イリヌハー」は女性と言われ、〈夫婦ガー〉と呼ばれている。現在でも、旧正月の元旦に若水《ワカミヂ》をとりにくる島人が見られる。

このように、古宇利島の水神信仰は年中行事と結びついている。旧正月前後の神行事として、「ムユー折目《ウユミ》」が二〇一〇年一月一五日（旧暦一二月二〇日）に行われ、この際にも、水神であるカーに祈りを捧げていた。その年の神行事の最後、締めの意味合いでもあり、「ウットミ・パットミ」とも呼ばれている。一九二六年に調査した宮城真治氏は「ウットミ、ハットミ（打とめ、余とめ）、ムユ折目ともいう。村の頭にスンカンヌヂの飯を字から配った。今はなし」と記している。

「ウットミ・パットミ」の日、古宇利春夫氏の自宅「フンシヤー」に集まり、神人たちはお宮へ向かった。そこで線香・泡盛・塩・米が供えられる。お宮での祈願が終わると、シラサ（岬）の突端へ行き、そこから東の塩屋集落に向かって祈願が行われた。

この時の神人の参加は、古宇利春夫氏と兼次フサエ氏の二人であったが、この行事は本来はノロの持ち分のようであったという。近年はノロが輩出されていないので、神人の山川ツル氏が司祭を務めていたようであるが、当日の体調が思わしくないので兼次フサエ氏が代理で執り行った。

神人たちはお宮で御願《ウガン》して、島人が清めの塩を持ち帰った。井戸での御願《ウガン》で祭儀の終了を報告し、一年間の神行事の締めくくりを行った。本来なら御嶽の御願も行うが、天気が悪い場合は公民館（サブセンター）での遥拝となる。一年の無事を感謝した御願も、水神である「イリヌハー・アガリヌハー」（西の井戸・東の井戸）に捧げて幕引きを行うのであった。

## 4　船漕ぎ儀礼と竜神信仰

古宇利島の海神祭の最後に、神の浜・ウプドゥマイから、ハーリー舟が次々と出てゆく。島の悪疫や悪しきものを、ハーリー舟に託して海へと流す意味があった。東・中・西組の舟が港の湾の中で、速さを競い合った。

先にも詳しく述べたが、海神の祭り「ウンジャミ」は、竜宮の神を祀るだけでなく、様々な祈りを行う。神アサギの中から、「ナカムイヌウタキ」に向かって森の聖域に御願《ウガン》をする。神人の持つ弓《ヌミ》と棒は、山の恵みを得る道具、舟を漕ぐ道具、作物を計る道具を意味している。唐船の旗である「トーシンケージ」には、航海安全・豊漁の願いを込めている。タイにも「競渡（ボートレース）」という祭りが存在する。河の氾濫は、人々が竜神「ナーガ」への信仰心を弱めた時に引き起すものとして考えられた。適量の雨をもたらすことを祈るために、村落が一体となって盛大な祭祀を催すことで再び、竜神「ナーガ」への信仰心を結集するのである。農耕生活は雨期・乾期という自然界の循環に規制されており、自然の季節循環と調和することを目的としている。

古宇利島のトーシンケージ

話を古宇利島の竜神信仰に戻すが、大正期（一九一二〜一九二六年）の海神祭について、『沖縄県国頭郡志』（二八五頁）には次のようにある。

……古宇利島海神祭も同期日（旧七月盆祭後の初亥の日）にしてノロ、内神、神女十三人の外男四人、神アシアゲに集り、各戸より一戸宛捧げ来れる黍餅と外に玄米二升とを御膳に供へ、白衣の装束に大弓を持ち七回程廻りたる後、船漕真似をなし（七回）一人の神女オモロを奏して祈祷を行ひ（今はオモロを記憶せず）海岸に下り、地頭代掟（代理にても可）及びノロを舟にのせ、縄を寄せては舟を沖へ押しやり、押しやりては、又縄を引寄せかくすること七回に及ぶ。

而して後、舟を転覆せしめノロ地頭代の一行を苦しむ。これ却って漁獲の多きを祝せんが為めなりといふ。而して其の翌日より村踊を行ふ（七月之を行ふ故に此村盆踊なし）。古来此の島にありては村芝居に際し東方に向ひて神迎えをなし又御送りをなすの例あり……

もともと「爬龍船競漕《はりゅうせんきょうそう》」（ユッカヌヒーハーリー）は、一般的には旧暦の五月四日に行われ、祖先霊前に通常の節句と同様に豆腐をつくり、肴、泡盛、それに麦で造った神酒《ミチ》などを供える行事であった。爬龍船の舟主、乗組員は、各々の集落を代表してお宮に祈り、舟に祈願して海に下ろして漕ぐ。これを「御願《ウガン》ハーリー」という。

その後、各集落の人たちは自分たちのシマ（集落）より漕手を選んで、一隻に六名、あるいは八名で乗り、港に会して「爬龍舟競漕」をした。各集落の勝負が終ると、引続き役場職員、学校職員、青年団、議会有志による競漕があり、そして小中生徒による競泳、水瓜取りの競技なども催された。村予算で賞品（タオル、シャツ、帳面、鉛筆など）も準備された。

港湾には島中の人が集まり、一日を楽しく過ごして、行事の終わるころには、太陽も西に傾き、楽しかった一日を語らいながら家路に帰る風情も見られた。近年は、サバニもなくなり大型化して機械船となり、手漕のサバニは行事以外では見られなくなった。「五月ユッカヌ日」という行事のあることも一般的に薄らいでいる。

一九四五年ごろまで、子供たちはユッカヌ日には、「ヰリムン」という玩具をもらう風習があった。男の子はセルロイド製の舟などの玩具を、那覇に出稼ぎに出ている兄姉親戚から送られて貰って喜び、大事にしたものであったという。

当日は、節句と言うよりハーリー（爬龍舟競漕）が主で祭日である。近年は「海神祭」と称しており、ハーリーの起源は中国伝来説や他の伝説もあるが、農耕儀礼とも結びつく要素もあるとされている。その意義の主軸は、竜宮の神への海の幸の祈願であり、漁民による海の祭祀でもあった。

かつて沖縄本島の那覇、久米、泊などには、ハーリー歌が伝えられていた。

……世果報漕ぎ浮きて　世果報すでら　世果報漕ぎ浮きて　走るが美らさ……

旧暦五月五日は「後生《ぐしょう》ハーリー」といわれ、海上で亡くなった人達が爬龍舟を漕ぐと言われている。祖先霊前に麦で造った神酒やアマガシと肴などを供える。アマガシとは飴粕のことで、門中の本家で菖蒲酒を造っていて当日分家などの子孫が拝みに来るので、その時に神前に供え上げる。『琉球国由来記』の「王城之公事」の項に、「飴粕と菖蒲酒をつくり、これを火ヌ神と祖先霊前に供え食した。菖蒲酒を飲むことは、いつの時代から始まったか知らない」とある。

古宇利島のハーリー

古宇利島の「ウンジャミ」(旧盆明けの最初の亥の日)は、「海神祭」と呼ばれているが様々な要素が含まれている。海神祭における神行事をみていると、場面場面で意味を持っているようで、海神と関わる部分はもちろんあるが、一連の祭祀に流れている多様性に注目すると全体の一部にすぎないことに気づかされる。

## 5　御嶽信仰と島の結界

「プーチヌウガン」（風気ヌ御願）は、島への疫病や流行病が侵入するのを防ぐ祈願である。主に島の津口（港）で祈願が行われる。島人が健康にすごせることを願って、ナナムイの御嶽《ウタキ》の神々に祈ってきた。男性の神人の古宇利春夫氏の話では、「昔は豚を焼いて骨を縄にぶら下げて、お宮の入口などにさげた」という。疫病（コレラ）が流行るのを恐れ、この御願《ウガン》をやりはじめたのが、その起源とされている。

宮城真次氏が書いた『古宇利の研究』によれば、「戦前はプーチウガンの日に豚を一頭潰して、骨を集落の東と西、そして津口に吊るして、流行病を防いだ」と言われている。

島への疫病や流行病の侵入を防ぐために、ナナムイの御嶽《ウタキ》の神に祈願をする。「ナカムイヌウタキ」を除いて、他のウタキへは遥拝をしているが、神人の唱えの中に「プーチ」（疫病）の侵入を防ぐ祈願がある。ある時代、島に病が流行ったために豚を潰して骨を吊るす習わしになったという。

サブセンターに集まり、各々の場所での供え物の準備を行った。お宮から御願《ウガン》が始まり、続いて、「比謝屋《ピジャヤー》」、「ヌルヤー」、「ナカムイヌウタキ」と、祈りを捧げて回った。

線香に泡盛を少しかけ、何度も手を合わせて遥拝《ウトゥーシ》をした。線香を石の上に供えたまま、つぎの拝み場所に向かった。供え物のご馳走、ビンシー（御供えものを入れた箱）・半紙・ウチカビ（黄色い紙銭）を置き、祈りを執り行った。線香に泡盛を少しかけ、半紙とウチカビはすぐ、脇の草の中へと置かれる。

〈フンシー神〉の古宇利春夫氏は、米を手に三回にわけてとり、海に向かって撒く仕草をする。半紙とウチカビは燃やさず、脇の草の中に備える。東の海岸の「ウプドゥマイ」では、急な階段の上の踊り場であるので、そこにビンシーを置いて祈りを捧げた。足の調子の悪い〈ウチ神〉役の山川貞子氏は、階段の上からの拝みを行う。

　後半は、東組と西組の二手に分かれて、御嶽《ウタキ》や拝所を回る。西組は、〈ウチ神〉の山川貞子氏、〈フンシー神〉の古宇利春夫氏が祈りの担当をした。区長の小浜美千子氏が、集落の西にある「イーバイ」で拝みを行った。供え物のご馳走・ビンシー・半紙・ウチカビを置き、祈りを捧げている。

プーチヌウガンの拝み

　続いて、港の「グサブー」、海辺の「ターチパナシ」と回った。「ターチパナシ」は、〈二つの離れた岩〉という意味である。線香に火をつけ、西に向い、「マーチジ」「イビルメー」の二ヶ所に向かって拝んだ。この聖域は昔、お産があった場所とされる御嶽《ウタキ》である。

　海の見える高台にある「トゥンジバマ」は、最後の拝み場所である。ウチカビ・半紙は燃やさずに供える。線香には火を付けず、線香の先を泡盛に少しつけて拝む。ここでも、古宇利春夫氏がお米を三回に分けて手に取り、それを撒く所作がみられた。西組は、浜での拝みがほとんどのため、各所でご馳走を供える。最後に、ハンゼーの急な階段を降りて、海水で手足を洗い清めた。

　東組は、神人の兼次フサエ氏が一人で、御願《ウガン》をしていた。「マーハグチヌウタキ」の近くまで行き、遥拝して祈りを捧げた。供え物は、泡盛・塩・米である。「トゥンガヌウタキ」、「ソーヌウタキ」、「プトゥキヌメーヌウタキ」の三ヶ所に向かって、お通しの拝みをする。そして、島の東側では「ビジュルヌメーヌウタキ」と「ソーヌウタキ」へ遥拝する。そこでは最も東側の「チグチ」（港）への御願《ウガン》がある。次に、西の海沿いの「津口《ツグチ》」と呼ばれる場所で、祈願を行った。供え物は豚肉・豆腐・餅である。最後に二ヶ所の井戸「アガリガー」と「イリガー」にまわり、拝みを締めくくる。

神人によって担当する拝所が分かれていた。古宇利春夫氏がお宮（クワッサヤー）と「ナカムイヌウタキ」、「ウチガミヤー」は山川貞子氏が主となって行われた。

「プーチヌウガン」は年二回の春と秋に行われ、旧暦一〇月にも執りおこなわれた。担当する神人が出ていない拝所は、区長と世話係が行っていた。東組の神人は兼次フサエ氏の一人の参加なので、担当する御嶽《ウタキ》の区別はできなかった。前半は一緒に行い、サブセンターから「ナカムイヌウタキ」までは全員で祈る。はじめに御嶽《ウタキ》に向って拝むのは〈神への頼み〉である。それから浜などをまわり、神の力をかり病気や邪気をはらうための御願《ウガン》を行う。再びサブセンターに集まり、各々の場所での供え物の準備をする。供え物の準備が終わるとお宮、「比謝屋《ヒジヤヤー》」、「ヌルヤー」、「ナカムイヌウタキ」に行き、後半は二組に分かれた。

昔は「トゥンジバマ」で東組と待ち合わせをしたのだが、神人の渡具知綾子氏の到着が仕事の都合で遅かったり、また秋ごろの御願であると外気が冷えるため、神行事が終わり次第にサブセンターへ戻る形となった。

サブセンターに着くと、西組の古宇利春夫氏は「ノロさんがいないと早く終わるね」と冗談を言っていた。東組が戻り、全員そろって古宇利春夫氏から順に神酒の「ウサンデー」（供物のお下げを頂くこと）をし、それを終えると神衣装を脱いで、すべての御願《ウガン》が終了となる。こうして御嶽《ウタキ》を祈って回ることで、島内に円陣の結界を張り、外部の悪い風気（プーチ）を防ぐのである。

一方で古宇利島の「ムシバレー」は、島外に悪い害虫を流すものである。旧暦四月の日を選んで行う祭祀であり、時間は引き潮に合わせる。他の地域では「アブシバレー」（畦払い）と言う。午前中、雨が降ったり曇ったりした中で行われ、神人や関係者がサブセンターに集まり、供え物などの準備が行われていた。供え物となるのは、餅、豆腐、三枚肉などであった。参加した神人は、兼次フサエ氏、山川シズ氏、玉城ユキ子氏、古宇利春夫氏の四名である。舟づくりや舟の送りだしは、兼次光男氏の担当であった。

サブセンターから島の東側の「ハヤハンサチ」へ向かう。「ハヤハンサチ」とは〈茅刈り場の先〉の意味である。かつては、「ムシバレー」の祭祀場として独立した突堤があったが、今は「アサギマガイ」から橋詰まで長い護岸となっている。車のない時代は、公民館から「ハヤハンサチ」までの道筋があったと言われている。

芭蕉で作られた舟は、兼次光男氏が準備していた。舟に乗せる虫入れ箱が準備され、島の人々が虫をビンに詰めて入れていた。最近は、かたつむりを持ってくる人が多くなったという。かつての島人たちは、鍬や鎌を置いて休息日にしていた。

「ハヤハンサチ」では、線香、餅、豆腐、三枚肉、泡盛、米が供えられた。害虫が島から遠ざかってほしい…との思いを込め、拝みをする。虫を乗せた帆舟は、引き潮とともに海へ流れていった。御願《ウガン》が終わり、皆でご馳走をいただき「ウサンデー」（御下げ物を食べる直会《なおらい》）が行われる。二〇〇九年は、風が島に向かって吹いていたため、舟はなかなか沖に流されず、何度も戻ってきた。

再びサブセンターに戻り、そこで「ウサンデー」をして慰労をする。神人たちは神酒をいただき、餅などを食べ、島の結界の外へ害虫を送りだす大役を終えた。

ムシバレーの神事

## 6　祖霊と御嶽信仰

二〇〇九年五月一八日（旧暦四月二四日）に古宇利島の「嶽願《タキヌウガン》」が行われた。早朝、神人たちが、お宮（クワッサヤー）に集まった。祠に祈り、「嶽願《タキヌウガン》」の始まりを告げる。

雨の降るなか、ムラの安全と繁栄、五穀豊穣を願いながら、「ナナムイ・ナナタキ」を回った。『琉球国由来記』（一七一三年）によれば、古宇利島の御嶽《ウタキ》は、三つあるとされている。ほかにも記録されていない御嶽《ウタキ》を合わせ、七つある。この七つの森と御嶽を、「ナナムイ・ナナタキ」と呼んでいる。各御嶽に祈願し、島を円陣で組むように祈りの結界を張っていく。

「マーハグチヌウタキ」へお通しの拝みをたて、「トゥングワヌウタキ」に入った。御嶽《ウタキ》は聖なる森をさし、〈イビ〉は森の中の線香を立てる所である。「トゥングワヌウタキ」では、聖域の〈イビ〉に行けない高齢の神人は入口で遥拝した。区長の小浜美千子氏をはじめ、同行者は神人の代わりに聖域の〈イビ〉まで行って御願《ウガン》をする。続いて島の東にある海沿いの「ソーヌウタキ」で拝みをした。

「プトゥキヌメーヌウタキ」は島の北にあり、〈イビ〉は半洞窟の岩屋となっていた。香炉や石が置かれた場所に神人たちは並んで、供え物をして祈りを捧げた。神人の渡具知綾子氏は、ここは「男性の性器」を表していると言っていた。

途中、道の真ん中で一列に並び、東へ向かって祈願する。続いて「クッワチモー」での直会《なおらい》をする。タコの酢和えや、天ぷら、寿司といった様々な御馳走をひろげ、皆で食べて疲れをとっていた。

「ビジュルヌメーヌウタキ」は、島の西側の森の中にあった。神人たちは、聖なる〈イビ〉のある洞窟の中に入って祈願をする。ここへは女性しか入れない。「女性の胎内」を表していると言われている。その後で道で西側に向かい、お通しの御願《ウガン》をした。

「マチヂヌウタキ」は、集落の背後の山の中にあった。琉球石灰岩がずれ落ちて、三角の窪みとなった巨石が、〈イビ〉になっている。香炉や石が置かれた場所に、神人たちは祈りを捧げた。そして神アサギに入って、「ナカムイヌウタキ」へのお通しで拝みをし、「嶽願《タキヌウガン》」の報告を行った。

最後に「フンシヤー」の庭の祠で、御願《ウガン》をして、儀礼は終わりを告げる。「フンシヤー」は、古宇利島の祭祀を司る根人《ニーチュ》的役割を果たす〈フンシー〉を輩出する旧家である。「フンシヤー」の庭に小さな祠があり、男根の石が納められている。人類発祥や島の繁盛を願うものであると考えられている。

道で一列になり東に祈願する神人たち

タキヌウガンの祈り

フンシヤーの祠

地元の研究者の仲原弘哲氏は、「タキヌウガンは、神人の家の出とウタキ、さらには、近世の山原のムラの成りたちに関わりがある」と述べている。さらに、「ウタキはムラの発生とかかわり、古くは、古琉球のムラの原型であるマク・マキヨにまでさかのぼる」と指摘している。確かに、神人の家系によって、主につかさどる御嶽《ウタキ》が異なる。「ナカムイヌウタキ」は古宇利春夫氏、「プトゥキヌメーヌウタキ」は兼次フサエ氏、「マチヂヌウタキ」は玉城ユキ子氏と強い関係がある。

『琉球国由来記』（一七一三年）の中で古宇利島の御嶽が三つ掲げられているのは、島には少なくとも三つの血族集団の〈マク・マキヨ〉があったとみられているからである。それと神人が管理する御嶽《ウタキ》と神人の出自との関係は、ある神人が亡くなると、御嶽の担当が引き継がれ、同系統の一門から出ていることがそれを示していよう。『神の島　古宇利島』（宮城真治著）では、それぞれの神人嗳《アツカイ》の御嶽について記されている。

①ナカムイヌウタキ……古宇利子の嗳
②ソウヌウタキ……ノロ等の嗳
③ハマンシヌウタキ……内神の嗳
④マーハグチヌウタキ……根神の嗳
⑤トゥングヮヌウタキ……ノロ等の嗳
⑥プトゥキヌメーヌウタキ……ノロの嗳
⑦マチヂヌウタキ……ヤトバアヤの嗳

神人の出自と、担当する御嶽《ウタキ》との関わりから、古宇利島の近世の行政村

古宇利島のナカムイヌウタキ

（ムラ）と古琉球のムラ（マク・マキヨ）との関連性が浮かび上ってくる。現在の祭祀は、近世の行政村になってからの形ではないかと推測される。継承されている祭祀に、近世以前のムラ（マク・マキヨ）の形態がベースとなっているのである。近世からの行政村と古琉球のムラとは、土地利用や税制、祭祀の形態を考えると、大分異なっているように見受けられる。

古宇利島では、「ムシバライ」と「プーチヌウガン」、そして「嶽願《タキヌウガン》」と神人の関わる行事が継承されていた。しかし祭祀は生き物であり、変貌しつつあり、それらは急速に衰退への道を歩んでいた。「嶽願《タキヌウガン》」は祭祀と集落、そして神人の出自と〈神アサギ〉、さらに近世の山原のムラの成り立ちと密接な関係があるとみられている。古宇利島の「嶽願《タキヌウガン》」によって、ムラの成り立ちが垣間見えてくるのである。それは御嶽《ウタキ》に関する神人によって各集落の起源となった門中が分かり、古琉球の集落である〈マク・マキヨ〉のような小規模のムラが発生した起源に遡ることができるのである。このような指摘は仲原哲弘氏の論文「山原の御嶽」（『なきじん研究』一五号）で触れられている視点である。

ちなみに、『琉球国由来記』（一七一三年）に記録されている古宇利島の御嶽《ウタキ》は、次の三つである。

①中嶽（ナカムイヌウタキ）

②サウ嶽御イベ（ソウヌウタキ）

③カマニシ嶽御イベ（ハマンシヌウタキ）

その他に登場しない、「マーハグチヌウタキ」、「トゥングヮヌウタキ」、「プトゥキヌメーヌウタキ」、「マチヂヌウタキ」がある。それらの七つの御嶽《ウタキ》を「ナナムイ（七杜）・ナナタキ（七嶽）」と呼んでいる。

御嶽《ウタキ》は杜全体、〈イベ〉は杜の中の線香を立てる場所と区別しているようである。例えば、「サウ嶽御イベ」は〈サウ嶽〉という杜と、杜の中の線香を立てる場所である〈イベ〉で成り立っている。他にも「中嶽」は杜全体を指しており、杜の中の拝む場所が「ナカモリノ御イベ」であると区別している。〈イベ〉を神名としているが、そこは神の存在を言っているのではなく、地名であると仲原哲弘氏は主張している。

古宇利島では一般的に三本の線香で祈る。年配者は「ドゥーぬミフシからやんどー」と言う。線香には「一本は今生の自分…。もう一本は、地球が誕生して以来の私に通じる祖先…。そしてもう一本は、天界、宇宙の星星の導き…」という解釈もあり、三つの意味が含まれているとも言われる。あるいは「御天《ウティン》」「土地《ジーチ》」「龍宮」と総して、自分に繋がる全ての大自然にその命の繋がりを感謝する意味があるとも言う。かつての古宇利島の島人たちが、生きていることも、死ぬことも繋がりがあり、大自然の中では死後の世界があると信じるのも不思議はない。

# 第五章　神の島の生と死

## ──祈りと鎮魂

沖縄諸島において死人を葬った最も原始的な形態は、八重山諸島・宮古諸島の離島などで見られた風葬である。風葬というのは、洞窟や森の中に亡骸をただ置いて帰るのみであった。墓参りや法事、位牌もない。風葬とは、霊域の至るところに骸骨がごろごろしているような野晒しが元型である。岩陰にある人骨も風葬体である。他界の存在は、先祖の命日や親族に何か災いがある時、生家に、みみずくがやって来るという。石垣島の人が言うにはそれは「祖先が子孫の様子を見にやってきた、または何かを知らせにきた」というふうに理解されている。つまり「先祖は鳥の姿を借りて此の世に現れる」という世界観の中で解釈できよう。

戦前になって、死体を置いた洞窟の外面に簡単にのぞかれないように石を積むようになった。いまも今帰仁村《なきじんそん》の墓所では石の隙間から中がよく見え、生々しい人骨が見られる。

琉球弧の民俗概念についての諸説を唱えた谷川健一氏は、「オウ島」は沖縄に七ヵ所あるとしている。「青（オウ）」には黄色の概念が含まれ、死者を置いた洞窟の中の黄色が「青」にあたるのだと谷川氏はいう。谷川健一氏の『南島論序説』によれば、奥武島（オウ島）は那覇市の奥武山のほか、名護市、久米島、座間味、伊江島、伊平屋、島尻の旧玉城村にあったと指摘している。さらに「伊計島からシヌグ祭の

かつては奥武島だった奥武山（沖宮）

ときに、鼠を奥武の島に送る神歌をうたう」（宮城真治著『古代の沖縄』）という記述もあり、阿嘉島の離島にも「オウ島」があるので、今のところ九ヵ所はあることになる。「オウ島」（あの世）と「本島」（この世）を結ぶ砂洲で、故人の霊魂は彷徨っていると信じられていたのであろう。

まだ葬儀社や霊柩車が無かった頃、石垣島では葬式を行う家は、念仏鉦の音と女の鳴き声で満ち、「龕《ガン》」を運ぶ葬式行列には墓に着くまで家族ならびに近親者が続き、女達は悲しみのこもった泣き声で泣き続けたと言われている。

また参列者は黒い傘を持っていくが、沖縄諸島では火葬場で黒い傘をさす風習があったという。雨傘は出棺のときにさす。また拾骨後の死骨にさし、野辺送りの時にも死骨にさす。かつての「洗骨」の際には、死骨に雨傘をさしかけることも行われていたという。

人々は、このように悲しみを表すとともに、死を運んでくる悪霊の侵入を恐れ、葬式の時には各戸とも門に竹竿などを置いて厄払いとした。どんな形であっても、葬送儀礼というものには、深い喪失感から生まれる「死者との関係を維持し続けたい」という願いと、「死霊（死そのもの）を遠ざけたい」という思いが並存している。

そしてそれは死者を弔うものであると同時に、遺された者が死を受容していくプロセスの始まりでもある。かつての人々がどのような習俗をもって「死」というものとつきあっていたのかを考えてみたい。

## 1　風葬と洗骨

沖縄の島々の方々《ほうぼう》に、数百の骸骨が遺棄されている大きな洞窟や岩陰がある。かつての久高島の風葬では、風葬場所となった西海岸の岩陰のあちこちに死体を置いていたという。それが一族のもの、血縁者の近いものは同じ洞窟や岩陰に葬るようになったのであろう。その入口を自然石で無造作に積んで塞いだものが、次第に技巧的になったと考えられる。なお久高島では、最近では二〇一〇年に「洗骨」が行われていたことを確認している。八重山諸島の「ヌーヤ墓」はその過渡期的存在であろう。

「風葬」や「洗骨」の儀礼を考える際には、「魂」の観念について整理しなければなるまい。沖縄の伝統的死生観の前提となるのが「マブイ、マブヤー、タマス」などの名称で呼ばれる「霊魂」の観念であった。これは人間の生存の根源的な霊的存在であり、沖縄の民間信仰における具体的なアニミズム的思考の表出である。

この「魂」という観念は、生命そのものの不安定さを物語っており、人々はそのイメージを共有することによってそれを納得していたのであろう。近代医療が普及するまで、人間の出生には危険がつきまとい、病気になってもその原因が解らないことは多く、生も死も極めて不安定なものであった。また、魂の物語を共有する人々にとって、肉体的な死は完全なる消滅ではなく、魂にとっての「新しい段階への入り口」として存在しているといっていい。

葬儀だけでなく祭祀においても、「霊魂」への観念が反映されており、例えば、八重山諸島の豊年祭に現れるアカマタ・クロマタの神は、家々を回って言祝ぎをなす時にその家に起きた出来事に沿って、葬儀に関する神謡を歌う。すなわち、葬儀から四十九日を経過していない家では「海に出て行った船は帰ってくるが、野原に出て行った船は帰ってこない」という内容の歌を歌うのである。この「野原」とは他界を指しているものと考えられる。

また、小浜島の盆に歌われる歌の中には、「親孝行をすると死んだ後、親や祖先の待つ場所へ行けるが、それをせずにいると、無限の闇に囲まれた場所に独りきりで取り残される」という意味の歌がある。それらの伝承の基盤には「死後の世界」という他界のイメージを読み取ることができよう。

人々によって語られる他界の物語の中でも、「死後の世界」の概念が重要になってくるが、「グソー」にまつわるものに絞って考えてみたい。

死後の世界を考える上で、「グソー」とは仏教用語であり、「後生」と書き、死後の世界を指している。しかし沖縄諸島でいう「グソー」は、仏教の極楽浄土と全く同じ世界ではなく、この世とほとんど同じ生活をしているというイメージが混在しているようである。そのような〈グソー観〉は、仏教思想が普及した後に成立したといわれている。喜舎場永珣氏は、「八重山の位牌祭祀は、一六七八年に宮良長重がもたらした」と記しているが、当初は位牌祭祀も形式的なものであった。

その後、士族階級の人々が祖先祭祀を広めたが、それは主として農地を確保するためなどの政治的な理由からだった。しかし結果的に庶民の間に仏教や位牌祭祀が広まり、「グソー」という新しい死後の観念が生まれるようになったと思われる。

墓には死者が生前使用していた草履が、そして盆の仏壇の前には、死者があの世から帰ってくる際に使

死者を祀る墓の風景

うための杖としてのサトウキビと、供養する人数分の膳とが供えられる。死者は現世の遺族の招霊に応じ、清明祭や盆には毎年生家と「グソー」とを往来し、人々は故人と語らう。

沖縄には「洗骨」の風習があった。かつて沖縄では人が死んだら火葬せず、棺桶に入れて墓所に安置していた。三年が経ったら、墓所から棺桶を取り出す。そのころまでに肉体は大体風化しているので、遺族は死者の骨だけを取り出して泡盛で洗い、骨壷に納めていた。

一九六〇年代に幼少期を迎えた人によれば、まだ「洗骨」の習慣が残っていたという。火葬が一般的になるまで、「風葬」と「洗骨」の風習は、沖縄各地で極めて一般的に行われていた。骨を洗うことができるのは近しい親戚だけに限られていた。亜熱帯の沖縄で、三年も放置しておけば骨は風化し、骨壷に入れる骨は、親族に洗われて骨壷の中に収まった。「洗骨」の習慣は沖縄諸島に限られたものではなく、東南アジアの他の地域やアフリカなどでも報告されているようである。日本では琉球弧でしかこの風習は存続していない。

現在は火葬・納骨を一日にして終わらすが、「洗骨」は時間軸が異なり、ゆったりとした弔いの形をとる。「洗骨」に関しては、久高島の風葬を取り上げて社会問題となったことがあった。一九六七年に芸術家の岡本太郎が風葬墓を暴いたとされる出来事である。岡本太郎氏が久高島に〈イザイホー〉の見学に訪れ、風葬の写真を撮って雑誌に公開したことで、死者が晒されてしまったという。衛生法や火葬法などといった行政側の指導が作用したこともあってか、部外者がカメラを向けることで、島々固有の風習や文化が失われることを促すこともある。

一方で、葬送の風習も祭祀の文化も変容していくものであることに間違いは無い。岡本太郎氏が来ようが来まいが、日本本土の画一的な葬儀法に組み込まれていく運命にあったのかもしれない。確かに岡本太郎氏の写真や文章は印象的で、彼によって語られることで、そのまま人知れず消え去ってしまったかもしれない風習が記録され、広く知られたことは事実であろう。

南城市の奥武島《おうじま》の観音堂の裏手の林を歩くと、死者の島としての面影を残していた。また羽地内海には、ヤガンナ島、屋我地島、奥武島などの二二の島があるが、五つの島には墓地が確認されており、多くが集落の外に「死者を置く島」としての機能をもっていたとされている。現在の奥武島も道路沿いから見た限りでも墓地だらけである。

屋我地島のキャンプ場の沖合の島にも、古き墓地らしきものが崖に目視できた。屋我地島から奥武島を望む海は浅く、引き潮になってくると白い砂洲が現れる。羽地内海の島々では、潮の満ち引きをきっかけに繋がってしまうほど、〈あの世〉と〈この世〉の存在が近かった。それと同時に、〈あの世〉と〈この世〉が「海」を挟んで明確に区別され、生きる者の領域に死んだ者を立ち入らせないという、死に対する強い禁忌の感覚を持ち合わせていたことを実感できる場所であった。

今帰仁村の湧川集落が火葬に移行したのは、一九六四年ごろのことで、それ以前のヤガンナ島での野辺送りの様子が描かれている。

屋我地島から見た羽地内海

……その後、途中でシマミシ（集落を振り返る儀式）をして、墓のあるヤガンナ島の手前の岬まで行進する。集落の人々はそこでそれまでと同様に待機し、近親者のみが徒歩で海を渡って対岸の島に行く。近親者は墓で納骨した後岬にもどり、待っていた集落の人々と合流して一緒に帰る……（仲宗根幸市「沖縄今帰仁村湧川の葬送儀礼」『南島研究　二六』一九八六年）

古我知窯《こがちがま》を訪ねると、屋我地島の墓地でアダンの根に絡まっていたという大型の厨子甕《ずしがめ》があった。白土の壺屋焼で家型をしており、青や黄色の釉薬で彩色されている。沖縄では一九八〇年代まで「焼骨」によって墓や洗骨した遺骨の整理が行われたというので、このような大型の厨子甕も中の骨を焼いて整理した際に破棄されたか、あるいは処理に困って貰いうけたものかもしれない。

アダンの藪への葬送を考えると、沖縄本島北部の例として国頭村安波を挙げられる。その中で安波には「納棺せずに（あるいは箱に入れて）アダンの藪へ遺骸を置く」という葬法があり、目撃情報から一八七〇年ごろまでは少なくとも続いていたとする。この集落に「洗骨」で厨子甕に入れる習慣が導入されたのは、一八八九年から一八九一年ごろであったという。したがって最初はアダンの藪へ野晒しにされていたのが、のちに「洗骨」を導入したという形になったと考えられる。

渡嘉敷島にも同じようにアダンの木の下に遺体をおく葬法があり、一九〇二年に巡査に改められるまで続いたという。「アダンの根本から出てきた」という厨子甕も明治・大正期（一九一二〜一九二六年）以降の比較的新しいものかもしれない。

古我知焼《こがちやき》の厨子甕も、古我知の古窯から出土したという。壺型で黒釉を布で塗ったもので、模様には合掌した坊主と蓮の花が描かれており、仏教の世界観の影響が強く見られる。古我知焼の厨子甕の特徴は、多くの壺型の厨子甕が無釉であるなか、全面に刷毛や布で施釉してあることである。古我知焼の成立は一八世紀ごろであった。古窯から出土したということから、窯で作られただけの未使用の作品なのかは判然としない。かつて

古我知焼の厨子甕

死者を運ぶための龕

は龕に人を葬ったというので、この厨子甕の中に骨が納められていたとすれば、古窯も墓地として使われていた証拠となる。もしもそうだとすれば、なぜ焼き物の窯に人が葬られていたのであろうか。

酒井卯作《さかいうさく》氏は、屋敷内に死者を葬った形跡として、物乞いや元夫が龕の近くで死んで龕に葬られて神になったという話を挙げ、実際に龕や囲炉裏など屋敷内に人が葬られたのではないかと推測している。

名護博物館には死者を運ぶための「龕《ガン》」があり、それは唐尺に基づいて設計されていた。博物館の報告書によれば、名護で出土した龕は内部の寸法は「凶」で外部の寸法は「吉」で作られていたという。首里城の寸法が唐尺に基づいて決められていることは有名であるが、墓や棺、野辺送りの際に使う旗などの葬送に関する道具も、唐尺の尺度で作られていると考えられる。

『南方文化の探究』(河村只雄著)から戦前の風葬や墓についての情報を取り出して整理してみると、風葬の実態がどういうものだったのか、そのことを踏まえて墓の変遷や構造などを考える必要がありそうである。

河村只雄氏は屋我地島から運天港を経由せず、直に古宇利島へと渡ったようである。また、古宇利島から沖縄本島側への渡しは、戦前は「クンジャーバマ」(国頭浜)なので、彼は運天港付近の墓は目にしていないはずである。目にしていたら琉球墓について、「百按司墓《ももあじばか》」をもとに確信をもった議論を展開していたのかもしれない。

一九三六年（昭和一一年）に沖縄諸島を訪れた河村只雄氏は、各地の墓の様子を記録している。そこに、現在では理解しがたい墓を見る視点がいくつも述べられている。墓について、まずは河村氏の『南方文化の探究』から触れてみたい。

亀甲墓は母の下腹部をなぞらえたものであり、腹から出て腹に帰るという考えから、このような形となった。墓に棺を入れる入口があり、入口には石がはめれられる。漆喰で密閉され、入口が開けられるのは新しく死人がでたときである。墓の内部の前方に棺を安置する場所があり、奥の方は雛壇となっている。雛壇に大小の骨の入った甕が置かれ、入口近くの平たい所に棺が安置され、その棺は次の死人がでるまで、そのままにしておくという。

また、三年忌や五年忌が来た場合に洗骨し甕に納める場合があるが、その間に、死体の肉は腐って骸骨だけが残るので、骸骨を洗って厨子甕に納めて壇上に奉安する。厨子甕の配置は大体一定の決まりがある。初代祖先の甕は中央部の上段に安置する。三十三年忌を経ると同一の厨子甕に移す。普通の家庭では夫婦の洗骨ははじめから同一の厨子甕に納めたという。

また久高島の墓と風葬について、戦前まで遡ってみることで垣間見えることがある。かつて久高島の東海岸に「グショウ」（後生）という共同墓地があった。絶壁の谷間のようなところで、近づきがたい要害の地である。葬式や特別の場合以外近づくことが禁じられていた。河村只雄氏によれば、断崖の上から「グショウ」をのぞくと、五つ六つの横棺が岩石の間に散在していたという。棺は丈夫な縄でくくられ、棺の上に下駄や傘などがくくられていた。死体は棺に納められ、岩石の間に置かれ、自然と白骨となった。暴風のあとだったので棺の蓋が吹き飛ばされ骸骨が露出していた。普通、自然と白骨となったものが一二年目ごとに洗骨され陶製の甕に納められていたという。

西海岸には亀甲墓が立ち並んでおり、やがては風葬は無くなっていくだろうと河村只雄氏は予測していた。久高島の風葬は、戦前にしては現代的であると河村氏は述べているが、木棺に死人を入れて結わえ、下駄や傘などを捧げ置くのは、戦前まで行われていた風葬の形態とみられる。それが河村氏のいう現代的な風葬であり、木棺はこのように風葬に利用されたのである。

田村浩氏は『琉球共産村落の研究』（一九三六年）において、河村氏と類似したことを述べている。

……久高島ニ共同墓地アリテ風葬ヲナス。海岸ニ近キ岩石ノ間ニ累々トシテ棺ノ横タハルヲ見ル。棺ハ木ニテ造られ風雨ニ曝サレテ汚損シ白骨露ル、昔時ハ死体ヲ其ノ儘崖下ニ遺棄シタリシモ、今ハ棺ニ死体ヲ納メ下駄・傘等故人ノ愛用セル私有品ヲ捧ゲ置ク。而シテソノ儘風雨ニ曝シ十二年目ニ洗骨ヲナシ陶製ノ甕ニ納骨ヲナス。此ノ共同墓地ヲ後生《グシヨウ》ト言ヒ人ノ往来ヲ禁ゼリ。

前述セルガ如ク、琉球本島地方ニハ所々ノ洞窟ニ白骨累々トシテアルハ昔時墳墓ノ最モ原始的形式ナル風葬ノ一種ナリトス……

龕の葬列

一方で、粟国島の葬式と墓に関して、河村只雄氏の視点から戦前の事例を挙げてみたい。

……葬列が野辺に延々とつづく。ダビの先頭にたいまつもったのが二人。女のいたましい泣き声。魔物を追い払いながら冥土への道を照らして死人を送る。お経の文句を書いた旗が続く。位牌をもった相続人、一族近親の男子、一般会葬の男子が龕《ガン》を先導する。龕の直後に女が着物をかむり、顔を覆って泣き崩れながら、近親の女のも同様かんむり物をして大声で泣きながら続いていく。

　粟国の墓は門中ごとに作られている。堅い粘土岩の岩山のところどころに岩をくり抜いて作られている。大きなものは六、七十坪も広くくりぬいたのもある。内部は本島と大差なく奥が雛壇になっていて骨壺が並べられている（トーシー）。その前に棺を置くシルヒラシがある。シルヒラシのところに洗骨前の棺がすでに六つも置かれていた。最近のものもありおびただしい蠅がウヨウヨしていた。

　近親の男たちが臭気の強い墓の中に新しい棺を運びいれた。近親の女性達は泣きながら棺によりすがり最後の別れを告げる。会葬者は無言で行列をなし集落に帰っていく。途中海浜に降りて潮水で身を清めて各々家に帰る。近しい女などは葬式の後も一週間位墓の入口の石をはずして亡き人に会にいく。臭気が甚だしく堪えられなくなって初めてやめる……


以上のことを踏まえながら、奄美諸島の「洗骨」の風習と比較してみたい。

奄美諸島の洗骨文化は沖縄諸島からきたものであり、島津藩に服属していた時代にも依然として継承されている。河村氏によれば、「洗骨」は「何といっても不潔で一日も早く改善すべき」との意見（洗骨廃止）も出ていたという。奄美の島々では洗骨のことを「アーガリニーリ」（日を拝ませる）というが、「洗骨」の後の処理の仕方は、島によって趣を異にしている。

「洗骨」をする人たちは「親に対する最後の最高の孝行である」との観念を持っていて、奄美大島では洗骨屋という商売があり、謝礼を出して「洗骨」をさせていた。

　河村只雄氏は風葬について、原始的な形態とも述べている。墓の変遷を踏まえると、崖の中腹や洞窟など、様々な墓の形態がある。風葬といわれている葬り方が、どのような起源から成り立ったのかを考察するうえで、その変遷史を念頭に入れて墓の形態をみていく必要があろう。

奄美諸島の「洗骨」は情緒的な側面があり、奄美では「洗骨」のあとに親族で会食をし、まさに「生と死」を体現している。そもそも「洗骨」の前は野ざらしが原初的な風習であり、中国から骨を通じて先祖を祀るという風習が伝わってきて、首里の貴族の間で広まり、沖縄諸島でも地方や庶民に広がっていったという。「洗骨」だけを取り上げて考えるのではなくて、「改葬」としても考えるべきであろう。「洗骨」も「改葬」も背景には風水思想があるという指摘があるが、中国人にとって風水といえば陰宅風水である。風水思想というより、親を重んじるという儒教思想に基づくものと考えた方がよかろう。

儒教では親の骨を重んじるのは、特定の宗教や思想の問題ではなく、人間が死を恐れる側面と、死んだ近しい人を重んじる側面に関係している。

「龕《ガン》」や「厨子甕《ズシガミ》」、「ガヌユーエー」や「菊酒」という華美な風習も、今の沖縄の門中中心の風習につながるイメージが湧いてくる。「龕《ガン》」は重量に耐えるよう当時、入手しにくかった太いイヌマキ材を担ぎ棒に使用している。与那国島では、「龕《ガン》」にひつぎを納め、野辺送りの際に故人の家から墓前までの道のりを葬送歌の中、縁者八人で担いで葬送していた。

「龕」を祀る祭祀「ガンヌユーエー」に関しては、郷土史家の崎原恒新氏が述べているように「ガンが活躍しませんように」という願いを込める祭りだという解釈もある。そういう形態で「ガンヌユーエー」を行っている集落はほとんどないと思われるが、「龕」が誕生したことを祝うものでもあるのが、もともと原初の意味に近いであろう。旧暦の八月から一〇月にかけて行われ、集落によって開催時期が大幅に違うことが興味深い。豊見城市高安では、「龕」を担いで門中墓を回るが、「死者＝祖霊」という祖霊信仰に基づいた祭祀の意味合いがある。

南風原は集落ができたのが酉年の一七二九年であるが、龕屋《ガンヤ》ができたのは丑年の一七三八年であった。

「ガンヤウガン」（龕御願）は一二年に一度の子年に行われるが、龕屋ができた一七二八年は丑年である。龕が誕生した年から一二年ごとにやるのは、その前年に龕自体ができたと考えれば、子年ごとに「ガンヤウガン」（龕御願）を行う整合性がつく。

また、八重瀬町東風平《こちんだ》の小城《おぐすく》の場合、「ガンゴウ祭」（龕ゴウ祭）の道ジュネー（行列）のある旧九月九日は「菊酒の日」と重ねる。「龕」の儀式を菊酒に絡めるのは中国の影響があると思われ、小城の「ガンゴウ祭」（龕ゴウ祭）は風葬墓がある小高い山の公園で行われている。その墓地群へ続く石畳から外れて茂みに入ると、かつての「浦添ようどれ」のような雰囲気があった。清々しさとおどろおどろしさが交錯した空気感がある。また、旧暦九月九日に北中城村津覇では九年に一度の「龕」の儀式があり、龕を復活させる行事を行っていた。小城の「龕」も、合掌した坊主と蓮の花のモチーフが描かれていた。「龕」も厨子甕も、沖縄諸島では比較的新しく登場したものなのかもしれない。

宮古諸島・八重山諸島では「龕」に関係する儀礼が現在も行われている事例は見つからず、宮古島・多良間島の事例論文、八重山諸島の竹富島の事例論文の「龕」の研究についてだけであった。あくまでも過去の葬送儀礼になってしまっていることが多い。

ところで、与那国島と与論島には「龕」の葬送文化が現役で残っている。与那国島では一八九七年（明治三〇年）から続く野辺送り、葬儀形態を存続している。しかし二〇〇八年の台風一三号で、葬祭用具一式が被害にあった。格納庫が倒壊して、「龕」や葬祭用具が押しつぶされたが、再建することになって格納庫が完成した。使用不能になった「龕」は、祖納の与那覇彦六氏が六〇年ほど前に造り替えたもので、一八九七

ガンゴウ祭（豊見城市高安）

年以降、「龕」による野辺送りが定着しており、今もその葬儀形態は変わらない。
与那国島の葬儀の様相は、現地に住み込んでいる研究者の小池康仁氏の報告によれば次の通りである。

……葬儀は初日が準備でお通夜、翌日が葬儀で午後四時の出棺であった。お通夜の日、大なべで豚をゆでていた。これらは近所の人たちや親せきなどの手伝いの方々によって作られ、昼のまかないや引出物（豚ばら肉の醤油煮と昆布）になったという。午後二時前まで、翌日もこの豚ばら肉をゆでる作業は続けられていた。

遺体付近の装飾品の準備もあり、手伝いに来た人々は昼食も一緒にご馳走になる。食事はソーキと昆布のそば、かつてはあまりの大きさに「砲丸」と呼ばれたまるいおにぎり、シイラとカツオの刺身であった。準備中には、酒（甘酒のような日本酒）が一人茶碗一杯ずつ振舞われた。準備が済むと、手伝ってくれた人々に半紙に包んだ豚肉の醤油煮と昆布が配られた。

納骨の日は昼前から断続的に雨が降り始め、午後二時頃には土砂降りになった。納骨が終わって、やっと晴れてきた。島の人々が言うことには、「おばあにいわせると、泣いてるんだよ」とのことであった。

祖納集落から浦野墓地に出棺した。出棺時には大抵晴れることが多いとのことであるが、この日は出棺後も降り続き、晴れ間が見えたのは、納骨を済ませて皆が家に戻った後であった。葬儀では親戚や近所の方のほか、今は人が足りないので役場の職員などが手伝った。本来ならば棺は親戚が担ぐものであるが、親戚でなくとも若者が担ぎ手を手伝いにくる場合もある。

酒は納骨が済んだのち、墓でも振舞われた。「別れの盃」という意味である。この時には引出物として、紅白のお餅と豚肉の醤油煮と昆布が参列者に配られた。故人は享年数えで九五歳であったので、紅白をあしらった餅になった。普通の場合は白餅を配るという。香典返しは紅白のタオルであった。

出棺前は、ムヌチ（物知り）が拝みをし、僧侶の姿はない。長濱利典氏によれば、出棺時には、故人の家の門で女性たちが葬送歌を歌うが、かつては家の中でも歌われていたという。

棺はそれ自体が重く、担いだ経験のある人は、道の角を曲がると突然何かが乗ったように重くなると感じたという……

竹富町の島々の場合ならば、船で石垣島の火葬場に送ることができるが、与那国島では土葬にして弔っていた。一般的には与那国島で人が亡くなると、火葬場がないので土葬にする。現在の与那国島では土葬はしていないが、この故人の場合は那覇で亡くなったので火葬し、遺骨にして与那国島に戻したという。墓に入れて七年後に、遺体を取り出してバーナーで焼き、水で洗ってお酒で清めるという。ちなみに初七日や四十九日の法要は、徐々に簡素化して親族だけで執り行われることが多くなっている。

## 2　生者と踊りと歌

生者が死霊を想い、踊りと歌を祭祀で捧げる事象には、沖縄諸島の旧盆、村踊り、豊年祭などがある。沖縄の旧盆は旧暦八月一三日から一五日までの三日間のところがほとんどである。しかし、沖縄本島北部の東海岸にある名護市嘉陽では八月一三日から一五日を旧盆として過ごした後、一六日に豊年祭を行う。同じように旧盆の翌日に豊年祭がくる集落としては、嘉陽の隣りの久志集落がある。また、旧盆の翌日に獅子舞がでる集落として、小浜島や石垣島宮良の「イタシキバラ」があった。いずれも死霊、祖霊と生者が交歓する空間が演じられている。

沖縄本島の北部地域に眼を向け、祖霊にまつわる事象について触れていきたい。嘉陽の旧盆での先祖送り（ウークイ）、さらには羽地内海の奥武島の墓地、古我知の厨子甕を手掛かりとして、沖縄における他界観および葬制・墓制について捉えていきたい。

沖縄本島北部の豊年祭は、「ウークイ」（送り日）やその翌日に、エイサーで「道ジュネー」（道巡りの行列）をする集落が多い。旧盆の時期の、若者や子供たち、親戚縁者が各地から一斉に帰ってくる間に行うことになっていた。

嘉陽の豊年祭は、毎年旧暦七月一六日に行われ、伝統が色濃く残っている。「ウークイ」の翌日、夕方六時半ごろになると、豊年祭が始まり、公民館・嘉陽共同売店の前の広場から「シーシー」（獅子舞）の「道ジュネー」で集落内を回る。嘉陽の「シーシー」は一〇〇歳を超え、茶色のフワフワな毛をまとう。エイサー踊りの出番を待ち、「道ジュネー」の後、公民館で長者大主《チョウジャノウフス》をはじめ二〇演目の踊りや芝居があり、上り口説《クドゥチ》、谷茶前《タンチャメー》、松竹梅、南ヌ島（フェーヌシマ）などが演じられる。舞台裏では琉装やかすりに着替え、化粧をして演舞が続いた。

小浜島のイタシキバラ

嘉陽の豊年祭では「シーシー」（獅子舞）が出るのが最大の特徴である。これは、小浜島の「イタシキバラ」にあたる。小浜島では家を一軒一軒回って厄を払っていくが、嘉陽では東回りに「道ジュネー」を行って公民館に到り、そこで他の演目とともに舞台芸能を終えた後、西回りに「道ジュネー」して「シーシー家」に戻る。

日本本土の獅子舞と同様に、噛まれると厄払いの効果があるものとして、特に子供を連れた母親たちが「シーシー」に子供の頭を噛ませようとする。「シーシー」もエイサーも、旧盆に返ってくる先祖の霊に紛れて戻ってきた悪霊を追い払う…という魔よけの意味がある。

嘉陽の「シーシー」は沖縄でも最も古いものの一つと言われている。通常、「シーシー」は古くなってくると作り変えるものであるが、嘉陽の「シーシー」はその毛を継ぎ足し継ぎ足ししながら、オリジナルのものを使い続けているという。「シーシー」の毛はアダン（ウー）の葉を二、三日乾かして作った茶色い線維で作られている。他の集落では新しい「シーシー」を作る時には、古い「シーシー」を火葬にするという。集落の人々にとって「シーシー」の年齢は、いつでも一六〇歳という認識がある。

「シーシー」を戻すときの「道ジュネー」では、旗頭の傍に村の男たちが群がり、竹の棒で旗竿を叩く。「シーシー」もこれに加わって上を向いて噛みつくような所作をする。集落全体の魔よけの意味がある。

嘉陽では盆送りの日、各家の仏壇を回って琉球舞踊（御殿舞《グディンブー》）とカチャーシーを捧げていく。嘉陽の盆送りで特徴的なのは砂浜に出て、真夜中に先祖送りをすることである。盆送りの日は満月である。沖合には三角形の形をした島が浮かび、その島を追い越すように月が登ってくる。月明かりの中で砂浜に行き、線香と蘭の花束をそえて南南西方向に一族そろって祈りを捧げる。

南側を向くのは、その方向に嘉陽の墓地があるからであるという。祖霊に対して「ここまで送ってくれば道を間違えないで帰るだろう」との意味であるという。現在、海岸から道路を挟んで内陸側に墓地が広がっている。荒天の際には、各自宅の庭で盆送りを行うという。家から海岸までの道は、青色の地に花などを描いた盆提灯にロウソクを灯していく。古くは松明などだったのかもしれない。

嘉陽の各家庭の仏壇に並ぶのは、パイナップルやドラゴンフルーツなどの果物に蘭の花である。仏壇には菊・百合・竜胆などの花を供える日本本土とは異なり、これはタイあたりの仏壇と似て南国的に見える。旧盆の間、仏壇には三食、家人が食べるのと同じ食事を供える。日本本土に見られるような盆提灯を灯している家庭が多い。

盆送りも豊年祭も子供や若い人であふれかえっていたが、これは名護や那覇、本土から里帰りしている人たちである。現在、嘉陽には三〇年代以下の人が少ない。観客席の前の方に座っていた二〇人足らずの老人たちは、ほとんどが嘉陽の人だという。旧盆が新暦九月にあたる年や平日の年は参加者も少ない。

このように、嘉陽の豊年祭は旧盆後で、八重山諸島の「イタシキバラ」の機能と併せ持たせていることが分かろう。大きな体をくねらせて歯を鳴らす獅子は、畏怖感を感じさせる。「イタシキバラ」において行われる巻き踊りなどの唄や踊りでは、赤と黄色の着物を着た女性達が扇子を手にして、リズムにのって回りながら踊る。

名護市嘉陽の豊年祭

名護市嘉陽のシーシー

名護市嘉陽の旧盆（ウークイ）

「イタシキバラ」の語意ははっきりしないが、未だに「グソー」に戻りきらない浮遊霊の祓いを目的とし、同時に盆の疲れを楽しく癒す打ち上げ的な要素も合わせ持つ儀礼といえるだろう。石垣島宮良では、三日間も祖霊と一緒に過ごした盆の翌日は、気をしっかり持たないと「ショウマキ」（精負け）して「グソー」に連れて行かれると伝えられていたそうである。

「トゥニムトゥ」（本家）を村の有志、門中（血縁一族）などがまわり、賑やかで親密な雰囲気の中に一時《ひととき》を過ごす。肴酒や余興を楽しみ、厳粛な中にもなごやかな雰囲気がその場を包む。締めくくりとして獅子舞が集落内をまわるのは、昔も今も島人の人々の精神的な支えであった事によると言われている。

民俗学者の酒井卯作《さかいうさく》氏によれば、沖縄の墓について次のような話があった。

……沖縄のお墓を見て歩き、骸骨がごろごろしているようなところを調査した。今帰仁《なきじん》港にある崖の墓を見に行った。上の方の洞窟には、人骨と古我知焼《こがちやき》らしき立派な厨子甕があり、下のほうの洞窟には素焼きの厨子甕がごろごろ転がっていた。

墓の入口は骨を盗まれるので、外から見えないように目隠しをするようになった。ある家では先祖の骨を持ってきて、薬としたという事例もあるという。骨を砕いてメリケン粉に混ぜ、骨折したところに貼るとよく効く。実用のために盗っていく人もいるかもしれない。ユタに体調不良を相談した場合、「ちょっと待っていなさい」と言って裏から持ってくる薬は大抵は人骨であるという……

一方で、沖縄本島のエイサー（旧暦七月一五日）に関しては、北部では瀬底

今帰仁村にある崖の墓

島が一番古いとされているが、名護市の世富慶《よふけ》はその直系であるという。もともとエイサーは沖縄の盆踊りにあたり、本土の盆踊りと同じく念仏踊りを起源とする旧盆の芸能であった。そして沖縄各地では現代エイサーと並んで、いまも多くの集落で昔ながらの伝統エイサーを見ることができる。

旧盆のエイサー

盆祭りは「盂蘭盆《うらぼん》」ともいい、盂蘭盆経に釈迦の弟子に目蓮と言う人がいたことが書かれている。その母が死んだが往生できず、体を逆さに懸けて、悶え苦しんでいた。目蓮は師の釈迦に母を救うことを相談したところ、「七月一五日に供養せよ」と教えられた。その通りにしたら母が救われたとの物語に由来している…と史書に述べられている。

『琉球国由来記』の「王城之公事」の項に「毎年七月一三日円覚寺、その他の寺で精霊を迎えた、尚質王代寛文八年とあるが是れ何王の代に始まったか不明である」とある。今では盆という言葉をつかうが、普通は「七月(シチグヮチ)」という。七月一三日の「精霊迎え」(ウンケー)にはじまり、一六日の零時以後に、「精霊送り」(ウークイ)は終わる。

七月一三日の「精霊迎え」(ウンケー)は、「ソーローー」とも言い、その日の前までに祖霊を迎える準備をする。

朝、仏壇より位牌をおろして一枚一枚はずして丁寧に水洗いし、水気を充分に拭きとり元通り組み立てる。香炉の灰を振るいにかけて、ごみを取り除き灰を入れる。仏壇を掃除して位牌、香炉を元の位置に置く。

供え物は、仏壇の上段にキビ(グーサンヴージ)を備え、一メートル位のものを両脇に一本置く。また三〇センチ程に切ったキビを一〇本ほど束ねて両側に置く。下段に、アダンの実一個、あるいは複数を両側へ捧げる。さらに、パイナップルの実や「ミーガーコーガー」を一個供える。「ミーガーコーガー」とは、土を練り丸くピラミッド型にしたものに、高さ一二、三センチ位のものに、キビの茎部を斜め切りの薄切りにしたものを差し込んで造り皿に入れたものである。近年は西瓜、りんご、ぶどうなどを、仏壇前に台机を設けて置くようになった。また、お茶、素麺、線香など、霊前への供え物として贈られる品物を供える。旧盆に合わせて中元として詰物セットを代わりに供えるのが、一般的になっている。

以上のような準備をして旧暦七月一三日から一五日までの三日間、祖霊のために祀りおく供え物を整えると旧盆行事がはじまる。まず一三日「精霊迎え」（ウンケー）の朝、洗い米（アレーグミ）を命日にあたる人数分を皿に入れて供える。昼には、朝の洗い米で御飯を炊き、肴（果菜、昆布など）をつくりお茶を沸かして供える。そして、祖霊神に霊の人数分、「ウブク」（白い御飯）を供える。洗い米を朝の物と入れ替えて供え、容器の水を替える。晩になると、御飯、汁物（ゆし豆腐、ソーメンなど）、おかずとお茶を沸かして供える。洗い米を昼の備えたものと入れ替えて新しく供え、ハーヂャ草を入れた容器の水を替える。

旧盆の風景（トートーメと仏壇）

一四日の中日《なかび》では、朝、昼、晩とも一三日同様に供え物して祀る。昼と晩の中間に、お粥を炊いて祀り、「ウブク」（白い御飯）は供えない。一五日の「精霊送り」（ウークイ）では、一三日と一四日同様に、御飯、汁物、肴、ご馳走などをつくり、洗い米、容器の水を取り替えたりする。朝、昼、晩とも供え祀り、「ウブク」を供える。

送り盆のため、晩の祀り物は早目に準備して泡盛、ウチカビ（銭紙）、餅などと一緒に供え祀り、間をおいてから「紙焼」（カビアンジー）をして家族で合掌して礼拝する。この日は分家の者や嫁いだ者たちは、ウチカビ（銭紙）、線香を持って焼香し祖先拝みをする。

「精霊送り」（ウークイ）の供物として新しく御飯、肴、天ぷら等のご馳走をつくり、前もって準備していたキビ、西瓜、蜜柑、果物等、泡盛や供物の一切を夜十二時までの間に祀る。これを、「チトゥンムン」（持って行く物）という。

その後は祖先霊をお送りするまで線香を絶やさず焚き続ける。祖先霊は一番鶏が鳴かないうちに帰るとのことで、一六日の午前一時ごろになると、仏壇と台机の上から供え物を一切下げて、「アダンの実」（アーダンチー）と「ミーガーコーガー」を門の外の辻、または溝に投げ捨て合掌する。

こうして盆祭りの祭祀がすべて終り、家族揃ってご馳走を食べる。

「アダンの実」（アーダンチー）と「ミーガーコーガー」は、餓鬼に投げ与えるものであるという。餓鬼とは、餓鬼道に落ちた亡者、無縁の者であり、のどが針の様に細く飲食物を見るとそれが火に変わるので、飲食が出来ず常に飢えと渇きに苦しむという。そういう者たちや誰も祭祀をする者の居ない廃家などの亡者たちが、祖霊の後を追って来るので、それを投げ与えてやり、拾って食している間に帰り着けると信じられている。

「グサンウージ」（杖のキビ）は、「精霊送り」（ウークイ）に供えられた「チトゥンムン」（馳走）を祖霊が持って帰る時に、肩にかつぐ棒の代りになり、または年寄りの祖霊が杖として使うものであるといわれている。「ガ

名護市嘉陽の旧盆（ウンケー）

月夜に吠える「シーシー」（嘉陽）

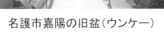

ンシナ」を祖霊に供えるともされているが、それは女の人達が、「チトゥンムン」（馳走）を頭にのせて帰る時に使う道具とされている。碗に水を入れ、ハーヂャ草を入れて、戸口に置くともされていて、これは祖霊の足洗い用であると云われている。

名護市嘉陽では、満月の夜、海岸まで行燈を持って一族で線香を供え、静謐な時間が流れる。翌日の旧暦七月一六日は豊年祭で、「シーシー」（獅子）が月夜に吠える。先祖の霊と一緒に帰ってきた怪しい霊たちを食べるためである。

「迎火」（ウンケービー）と「送火」（ウークイビー）には、かつては松の芯（トゥブシ）を門に灯したという。これは祖霊の出入りの道を明るくして迎え、送りをするためだという。盆中に死んだ人は、すり鉢を顔にかぶせるとされていて、また棺に鉢の絵を描く。盆中は皆、各子孫の家にいるので、その死者は、盗人として勘違いされ棒で頭を割られるのを防ぐためだとのことであった。

盆中は、子供を泣かしたり叱ってはならない。祖先がその子をかばって生命を奪ってしまうからだという。また、「シチィグァチ」（七月）では口論や喧嘩などをしては、家族のためにならないという。盆祭中には仏壇の前に横になって寝るのも禁忌とされ、「祖先に踏みつぶされてしまう」という言い伝えがあった。

## 3　死者と葬送儀礼

久高島では、先祖供養の「シーミー祭」（清明祭）の日、島の外で暮らしている人たちも、ふるさとに帰ってくる。久高島「シーミー祭」は、墓地ではなく、森に隠れた先祖たちの屋敷の跡で供養する。森の中の屋敷跡に線香を捧げていた。故人が亡くなったばかりの門中（血族）の人たちは、どのような気持ちで、「シーミー祭」を過ごしたのであろうか…。

二〇〇三年、久高の祭祀を支えてきた人が、また一人、逝ってしまった。雷の神「ヒチョーザー」として、久高の祭りを永く支えてきたマックおばぁが亡くなったのである。ひとつ大きな柱が、いま、静かに倒れたのだった。魔よけの棒を先頭に、島の西側の墓地に向かう。島人総出で、マックおばぁを見送った。

集落の境界で、村外れの「ボーンキャー」の前までくると、島の人々は立ち止まって手を合わせた。「ニライカナイの神様、どうか、おばぁの魂を受け取ってください」と心の中で願っていた。

マックおばぁの亡骸を乗せ、朱色の手押し車は森の中へと消えていった。大きな母胎のような墓に入って、肉を脱ぎ捨て、きよらかに骨を洗われ、魂となって「ニライカナイ」（ニラーハラー）に帰り、いつかまた地上にもどってくる。生と死は永遠に循環する。それが、久高島の世界観であった。

久高島の葬儀

沖縄には、「シーミー祭」（清明祭）や旧盆といった祖先崇拝が色濃いようなイメージがあるが、もともとは洞窟葬の風葬墓が基底にあると言っていい。自然に返すというよりは、死者を恐れて生者とは隔てた地に隔離するのである。諸説あるが、「洗骨」や先祖崇拝は「風葬」に付け加えられた後世の風習である。

どこの弔いでも、死んだ人を恐れるか、死んだ人を神格化して崇拝の対象とするかのどちらかのために、

沖縄本島の亀甲墓

「複葬」という手の込んだプロセスを辿ると思うが、宗教や他界観が異なっても人間は同じような風習を持っている。沖縄の「洗骨」も正直、何のためにするものなのか明確な仮説はでていない。

八重山では旧暦一月一六日は、「後生《グソー》の正月」とも呼ばれる「一六日祭《ジュルクニチ》」が行われる。先祖供養の行事として旧盆と並び、八重山では過去も現在でも、もっとも重要な島の伝統行事のひとつであった。墓は「亀甲墓《かめこうばか》」と呼ばれ「子宮」の形をしており、人間が死んだ後は生まれてきた母親の「胎内」に戻っていくという意味が込められている。火葬場がない八重山の離島では、棺桶に収めて埋葬する。そのような実用的な側面もあってか、「亀甲墓」は大きく、墓の前には親族一同が集まれる庭が作られた。

沖縄の墓を考察する際には、首里城をはじめとする城跡の位置関係や、街並みにある風水の痕跡にも目を向けなければなるまい。なぜならば、沖縄の墓にも風水の影響が見て取れるからである。

そもそも沖縄へ風水が入ってきたのは、一四世紀の後半（明の洪武帝の頃）と言われている。現在の福建省から航海や貿易、行政の専門家が移住してきた。その人たちが久米村（那覇市の久米町）に集団で住み、「久米三十六姓」と呼ばれた。琉球王朝の三司官（宰相）となった蔡温は、その末裔とされる。彼らが中国の伝統や風習を伝えたもので、その中に風水思想があった。

中国の風水には陽宅風水と陰宅風水とがあって、陽宅は都城や住宅、陰宅は墳墓の風水となる。中国では、古来、風水の良い場所「龍穴」へお墓を作り、土葬する風習があった。遺体は大地の気を受けて、子孫にすぐれた人物が出生するという思想が信じられていた。

人間は女性の「子宮」から生まれ、死ぬと母体に戻るという考えから、「亀甲墓」は女性の「子宮」をイメージしたものになっている。中国の温州地方の郊外では、山の斜面に風水墓を目にすることができる。

一方、沖縄においては、中国の風水墓と似たものとして、その「亀甲墓」がある。「亀甲墓」は形が亀の甲羅に似ていることからそのように呼ばれている。「亀甲墓」ができたのは、一六八七年に「伊江御《いえう》殿墓《どんばか》」が建立されたのが最初と言われている。この墓は琉球王族を埋葬したもので、明代末に清朝の政治統制を嫌って逃れてきた中国人によって作られたという。

近年に作られたと思われる大型の「亀甲墓」は、斜面に作られることが多く、後方が高く、前方が低くなっている。山の斜面にあって、墓の方位はまちまちであり、集団墓地となっている。

「亀甲墓」ができる以前は、岩窟墓が主流であった。これは、山や島にある洞窟に遺体を葬る形から、その入口をふさぐものへと変化していった。沖縄中部の勝連町にある洞窟形墓所や「浦添ようどれ」のように、浦添市郊外の丘陵地にある中山王陵などが、その名残を残している。

「浦添ようどれ」は英祖王によって一三世紀に作られた。この形は破風墓と呼ばれる。岩山を掘り込み、洞窟を作って墓室とするものである。「ようどれ」とは沖縄の言葉で、〈静かな場所〉という意味で、岩をくりぬいた二つの墓室があり、一二六一年に作られた英祖王の墓や一六二〇年に作られた尚寧王の墓がある。沖縄戦で米軍の艦砲射撃にあって大破し、その後に復元された。

また、墓の方位は北に坐して南に向くというよりも、地形を優先させていた。中国では「風水」という言葉が墓地そのものを指していた。それは風水思想の原典とされる『葬書』（『葬経』）からの影響が強いからかもしれない。

宮古諸島では、旧暦九月ころに「ミャークヅツ」（宮古節）と呼ばれる祭りが広く行われており、一年の変わり目を祝い、〈あの世〉から〈この世〉の変わりに入り込む厄を払う儀礼を行う。「ミャークヅツ」

は、宮古島の池間系集落（池間・西原・佐良浜）において行われる節祭であり、集落においてもっとも重要な祭祀のひとつとなっている。「ミャーク」とは宮古を意味すると同時に現世も意味する。

「ミャークヅツ」の二日目に行われる「ヤラビマス」では、前年の「ミャークヅツ」から今年の「ミャークヅツ」の間に生まれた池間系の血筋を持つ子供を〈御獄に登録する〉儀礼が行われる。この登録をもって、子供はやっと「人」となったものとみなされるのである。同じ年の「ミャークヅツ」で登録された子供たちは、「同期」として一生の付き合いをすることになる。

一方で、「ミャークヅツ」の行われる池間系集落では、死産児や幼くして死んだ子供は人とは見なさず、「アクマ」と呼んで忌み嫌い、遺体を遺棄する風習があったことが知られている。池間系の人々が〈人になる〉儀礼である「ヤラビマス」を含めた「ミャークヅツ」と、「アクマ」を遺棄したとされる池間島・伊良部島の「アクマガマ」「アクマヒダガマ」等をはじめとする洞穴墓地や模合墓（共同墓地）、宮古島本島の横穴式墓からは、宮古の人々の生の始まりと終わりを考える手がかりを得ることができる。

「アクマ」という概念に関して、酒井卯作氏によれば、宮古島では死産児や早く死んだ子供を「アクマ」と呼んで「アクマヒダ」（悪魔浜）の「ガマ」（洞窟）に捨てたという。

伊良部島で、その「アクマヒダガマ」を確認しようと見て回った。新港にある振興センターの辺りという説とウハルズ御嶽の裏側という説があった。新港のあたりは一部崖が露出していて、香炉が置いてあった。ウハルズ御嶽の裏側は向かってすぐの崖に大きな「ガマ」があった。

宮古島では「ガマ」に葬ったといっても、ただ海に向かって捨

伊良部島の墓地

てただけなのか、捨てた死体が波で戻ってきたという話もよく聞く。確かに、「アクマ」を「ガマ」にどんな風に葬ったのかについては疑問に思っていた。「アクマ」の名称は本当に「悪魔」に由来しているのかは判然としない。

宮古島の狩俣にある世渡崎の崖葬墓は「パナヌミャー」と言う。狩俣の集落を池間島に向かってしばらく走ると、世渡崎から池間大橋を渡る。狩俣方面を振り向くと、穏やかな入り江が見える。

世渡崎の付け根にあたる浜から歩くと、しばらくして岩礁が地肌を露出させて波打ち際まで迫っている。満潮時ではとても歩けない浜である。岩礁の岩肌に人が通れるぐらいの穴が開いていて、巨大なホールになっている。いわゆる海食洞窟と呼ばれるもので、海食洞窟を利用した墓への入口がある。

宮古島の世渡崎の崖葬墓

巨大な自然の洞窟には、正面奥の壁際に石を積み上げている場所があり、人骨が置かれ、改葬された墓がある。奥壁には龕状の掘り窪みがあるが、人骨は残っていない。いずれも人工的に開けられた穴であり、かつてはここにも棺を置いていたのかもしれない。海食洞窟の墓は、潮騒が聞こえる静寂に包まれ、あの世とこの世が交錯する感覚になる。

世渡崎の「パナヌミャー」は、海食洞窟内に設けた墓と、外の崖面を利用して横穴墓とした墓が隣接していた。満潮時には誰も近づけない。ここに葬られた人々は潮騒を聞きながら眠っているが、狩俣の人はここに墓参に来る人はいないという。

池間島の荒れる霊域として「アラドゥクル」がある。伊良波盛男氏の著書『池間民俗語彙の世界』によると、島のあちらこちらに「アラドゥクル」があって、その地域は身の毛もよだつほどに怖く、駆け出す子供もいたという。また、それぞれの地には「アラガミ」(荒神)がいるという。

池間島では、そこに住む人々の観念の中で三分割されているという。湿地は「アオグモイ」、「イーヌブー」と呼ばれ、ここには死霊や悪霊がたむろしているといわれる。墓地の在りかを見ても、多くは入り江の西岸につくられ、日常的に目にすることのない場所が選ばれた。

西の池間原は観念的にはさらに三分割される地域である。北の空間は「アラドゥクル」のひとつとして日常的には行かない、訪れない地域として認識されている。ここは死者の霊魂が、嶺の頂にあるという石を踏み台にして天に昇るといわれる地域である。

野口武徳氏の『沖縄池間島民俗誌』によれば、池間の人たちは、宇宙空間を「ティン」と「ミャーク」、「ニズラ」の三つの領域に区分しているという。「ティン」は天であり神々が住む世界、「ミャーク」は人間の住む世界である。そして「ニズラ」は死の世界である。

……人間はティンにいる神々によって生命を授与され、この世に生れ出る。この世に生れ出た人間は、ミャークで一定の期間楽しく生きた後、いずれ死ぬことになる。そして、死ぬと今度はさらにニズラに降りていく……

「ニズラ」は地下世界の死界のようなところを想定

池間島の風景

しているのだろうか。「ニズラ」には神がいて善行を積めば、再び人間の体を与えられて「ミャーク」に誕生し、悪行であればいつまでも「ニズラ」に留められるか、あるいは家畜になって誕生すると考えられた。

池間島の人々の空間認識は、島の中心部にあった広大な湿地が存在していたころのものであろう。現在では大橋の開通とともに一周道路も整備され、民俗意識も変容して「アラドゥクル」も消滅する。

入り江を離れ少し行くと、「ワートニガイ」と呼ばれる岩礁がある。「スマフサラ」の日（旧暦一一月）には、ここで豚が殺されて調理されるのである。岩礁の二ヶ所で火が焚かれた跡を確認できた。この日は、豚の骨を縛った縄が村の入口に張られて、悪霊や病気のもとを入れないように集落が閉じられたのである。

伊良部島でも「ヒダガンニガイ」の時、聖なる井戸の近くで豚が殺される。オハルズ御嶽を中心とするこの聖地は、「ティン（天）」への通行口であり池間島の宇宙軸であると表現した。ここは「ユー」をもたらす神を迎えるための聖地であり、池間島に住む人の心象風景の中心地なのである。

琉球弧の多くの離島には、独自の死生観があり、風葬・埋葬の数年後に洗骨をするという長い過程を経て、本人および家族が死を受容することが、ごく近年まで一般的であった。火葬場のない粟国島・渡名喜島・久高島・竹富島などでは、現在でも本人の希望で風葬や洗骨が執り行われることがあり、二〇〇〇年代まで火葬場の無かった与論島・伊平屋島なども、最近まで独自の葬制が一般的であった地域である。

伊良部島のヒダガンニガイ

また独自の他界観と結びついた祭祀や、ユタやノロといった巫女を通じた死の受容に関する儀礼が未だ色濃く残る地域もある。人が死んだ瞬間に悪霊のようなものがつくという考え、あるいは荒神的な発想から、埋葬（風葬・土葬）して肉体が朽ちるのを確認し、骨だけになったら本人の本質的な部分だけになったと考え、それまでは亡骸を清め、祀り直していたのである。死者への惧れからか、埋葬の段階ではより厳密には屈葬したり遺体を縛ったりする地域もある。

だが、肉体は朽ちている亡骸を、何のためにわざわざ洗って「清める」のかという疑問もわく。複葬というプロセスからは「洗骨」の位置づけは予測できるが、「骨を洗う」という行為そのものに関する呪術的な意味合いは、沖縄諸島の事例の場合、あまり論じられていない。

沖縄諸島の「洗骨」は中国華南省や台湾あたりから伝わったと一般には言われる。だが、中国でどのような思想的背景のもとに「洗骨」が行われているのかがわかる手掛かりは見つからない。原初的な社会では「死」は恐るべきものであり、死んだ人を神格化するというのは後世に追加された世界観であると指摘されているのみである。

## 4　巫師と呪術

ノロ・ユタ神に関して、術死と呪術の事例から琉球弧の死生観について探ってみたい。

沖縄において、シャーマンによる祭祀活動がよく見られるが、中心となるのは「祝女《ノロ》」や「司《ツカサ》」などと呼ばれる女性シャーマンである。女性シャーマンが祭祀において重要な機能を果たす痕跡は日本本土でも見られ、東北地方の「イタコ」、「ゴミソ」、「ワカ」、「カミサン」などがある。沖縄本島では「祝女《ノロ》」、八重山では「司」（ツカサ、カンツカサ）と呼ばれる神職者は、神に仕える女性であり、またその地位は血縁で継承されるのが普通とされる。

「オナリ神」信仰と女性祭祀組織に関しては、これも日本文化の最古層に属すると思われる「オナリ神」の信仰を手がかりとして、沖縄の祝女《ノロ》組織について考えてみたい。沖縄の女性祭祀組織を考える上で、よく引用される一節が『魏志倭人伝』にみられる。邪馬台国の卑弥呼をめぐって、よく知られた記述である。

……其の国、本亦男子を以って王と為す。住まること七、八十年、倭国乱れて、相攻伐すること年を歴たり。乃ち共に一女子を立てて王と為す。名づけて卑弥呼と日う。鬼道を事とし、能く衆を惑わす。年、已に長大なれども、夫壻無し。男弟有りて国を佐け治む。王と為りて自り以来、見ゆること有る者少なし。婢千人を以って自ら持らしむ。唯男子一人有りて、飲食を給し、辞を伝えて出入す。居処、宮室、楼観、城柵、厳かに設け、常に人有りて兵を持して守衛す……

ここに記された卑弥呼は、一般に、鬼道を事とし、天の声を聞くことのできるシャーマン（巫女）であり、婢千人に囲まれながら、男子一人が言葉を取り次ぎ、弟が卑弥呼の言葉に従って国を治めていたと伝えられている。

北山、中山、南山のいわゆる三山統一以前の古琉球の政治形態について、オモロ等の資料をもとに考察し、聞得大君《きこえおおきみ》と呼ばれる「王姉なる女君が古琉球に女治を振るった」と考える佐喜眞興英氏は、『魏志倭人伝』のこの記述について『女人政治考』のなかで、次のように書いている。

……私は之を前述古琉球の女治に比較する時、其の類似の著しいのに驚くのである。古琉球に於て女君が王姉にあたっていた如く玆でも『男弟佐治』となって居る。古琉球の女君が、独身を守って神に奉仕した如く、卑弥呼も『亦事鬼道能惑衆年、年已長大無夫壻』である。尚卑弥呼の配下に婢千人とあるのは、浅薄な皮想の観察で実は卑弥呼の事鬼道を補助する女神官達ではなかったろうか。斯く見るならば倭人伝記にあらわれた古代日本の女治と古琉球のそれとはいよいよ似てくるのである……

佐喜眞興英氏が指摘するように、『魏志倭人伝』における「聖なる天の声を聞く女姉と世俗的な権力を振るう男弟との関係」は、沖縄における世俗的な王と聖なる王姉（聞得大君）の関係と、よく似ている。

そして沖縄の人々の信仰の核心に、この世俗的な役割を果たす男（ウッキー、エケリ）と力によって男を支える女（ウナイ、オナリ）の関係を「オナリ神」信仰と呼んでいる。男が女の姉または妻であることも周知の事実である。その流れによって、沖縄に聞得大君を頂点とし、その下に三名の「大阿母志良礼《おおあもしられ》」を据え、整然とした女性祭祀組織が誕生することとなった。さらに按司などの各域の支配者の姉妹や妻を祝女として、ノロ制度が確立していくのは第二尚氏の尚真王の時代（一四七七～一五二六年）である。全群島を統一し中央集権的な政治を行う上で尚真王は仏教に帰依し、かつ儒教倫理を導入した。

宮古島のシャーマン

また尚真王は妹を聞得大君に任命し、全琉球のノロを組織し、各間切《まぎり》を統轄させていた。聞得大君の出現は、政治面における中央集権化の余波として生み出されたものであった。儒教的な政治体系と、「オナリ神」信仰という固有信仰を分離して並存したものである。

沖縄の祭りと信仰を考える上で、欠くことのできない祝女《ノロ》を中心とした祭祀組織は、一方では「オナリ神」信仰という沖縄の固有信仰に基づいたものでありながら、他方においては沖縄諸島における中央集権確立の政治的道具として人為的に組織化された。尚真王の時代から琉球処分にいたるまで四〇〇年もの間、有効に機能してきた政治支配の装置でもあった。そこには、沖縄固有の信仰と政治の歴史があり、日本本土の『魏志倭人伝』における統治システムと結びつけ難い部分もある。

日本民俗学・人類学にとっては、沖縄における「オナリ神」信仰と『魏志倭人伝』の記述の類似性の発見は、大きな驚きであったはずである。一九二一年（大正一〇年）に沖縄にわたり、その民俗学研究を深めた折口信夫氏も、「オナリ神」の問題に多く言及している。『魏志倭人伝』と聞得大君の間に、斎宮の存在を指摘した。

折口信夫氏は、その『続琉球神道記』の「色々の巫女」という項で、沖縄の女性祭司について論じながら、聞得大君について「聞得大君は我国の斎宮、斎院と同じ意味のもので、其居処聞得大君御殿は琉球神道の総本山のような形があった。この琉球の斎王が、皇后の上にあったと言う事は、琉球の古伝説に数多い、巫女と巫女の兄なる国王、島主の話を生み出した根元の、古代習俗であったのである」と書いている。

次に「ノロ」（祝女）と「ユタ」の発生と役割について考えてみたい。

一五世紀に奄美を支配していた琉球王朝が、地方行政の長の妻女や姉妹、豪族の娘を「ノロ」に任命したことに始まる。「ノロ」の役割は、「ニライカナイ」（琉球の理想郷）の通し神である〈日の神〉を通じ、あるいは御嶽を拝むことによって領主の繁栄、村落の平和、五穀の豊穣、航海の安全などを祈ることであった。航海安全については、久高島では「男は海人、女は神人」という諺も残っている。「グスク」（城）の内には必ず神人たちが祈る御嶽があり、後世の「ノロ」たちは村落の祭りに初穂や供え物をすることがあった。その代わり、直接徴税の義務はなかった。

また「ユタ」という存在もあり、村の物知りで占い役だけではなく、まじないで病気を治す重要な存在であった。病人が出ると医者を差し置いて、「ユタ」のまじないを島人たちは求めた。新しい「ノロ」を立てる時でさえ、「ユタ」の意見を聞くほどに権力を持ち始め、新築や船の新造の際には、米や酒を献じて占いを願うようになった。

「ノロ」は祭事を取り仕切るようになる公的な存在であるのに対して、「ユタ」は神秘的な力を持つ神がかり的な存在である。「ユタ」になる人が気がふれて山に籠ったり、呪文を唱えるなど興奮状態に陥ると人びとは「ユタ狂《ふ》れ」として蔑んだ。

しかし、白い馬にまたがったり、人里離れた谷間で沐浴をして啓示を受ける等の神秘体験をした後で、冷静になって興奮を収め、自身を制御できるようになると、「ユタ」として認められた。やがて人の病気を言い当てたり、拝所を巡って呪文を唱え、占いや予言で人々を治癒するようになる。こうなると一人前の「ユタ」として尊敬された。

ところが、霊的な力を持っていると人の弱点や迷信に付け込む「ユタ」も出てきた。魔よけと称して、多額の金銭を巻き上げるような暴走をし、薩摩藩が「ユタ禁止令」を出すほどにもなったが、あまり効果はなかった。歴史的な流れにおいても、「ユタ」信仰の強さがうかがえる。

ユタ的存在の神女（古宇利島）

二つの存在の違いを述べると、先述したように「ノロ」は神職に相当するもので、一般的には憑依はしないが、一般的には神の心が分かる神人《かみんちゅ》と考えられている。「ノロ」の中には憑依状態になる者もいるが、神を憑依させて神の言葉を語るのは「ユタ」の役割であった。「ユタ」とは民間巫者であり、個人の運気などの判断をする。村落の「ノロ」は、村落巫女としての役割もあり、憑依神の声を島人たちに伝えた。つまり、「ノロ」自体が来訪神の依り代として崇められていたのである。

粟国島の伊佐ミツ子氏から「ユタ」の話を聞くと、次のような事象がわかってきた。

粟国島の過疎化が進む現在、島在住の女性だけでは村の祭祀を行う神人が足りず、神人の何人かは神事の度に沖縄本島から船で帰ってきて参加するのだという。そして、偶然にも、本島からの巫女たちが祭祀のために帰島する際に投宿するのが、ミツ子氏の切り盛りする宿であった。彼女自身、先祖や神様といった世界に強い興味をもっている。特に「ユタ」の利用は日常的で、島では最近、年を取って信頼のあった「ユタ」が亡くなり、若い女性が新たに「ユタ」を名乗っているがあまり島の人には人気がないというようなことを教えてくれた。彼女自身は、島の「ユタ」よりも自分や自分の家族の事情を知りえない沖縄本島の「ユタ」の方が信頼がおけると考え、粟国島の「ユタ」ではなく、沖縄本島の「ユタ」を利用するという。

「ユタ」は集落・村民のために祈りをささげる神人とは異なり、個人的な悩みの見立てをし、拝んでくれる人だという。「ユタ」には、見立てだけの人と拝みだけの人、また両方をしてくれる人がいる。

見立ての方の相場は一回三千円であり、手相を見て見立てをするというテレビに出ている有名な「ユタ」を訪ねたら料金は八千円であり、手相を見ずに表情だけを見てそれらしいことを言われたように感じたそうである。沖縄本島から「ユタ」を頼むと一日三万円が相場であるという。また船が欠航すると、一泊延びるごとに三万円ほどの宿代を請求されるので、「天気のいい時に早い時間に来てもらって、なるべく朝だけで終わらせて帰ってくださいとお願いしたりするんです」と語っていたのが印象に残っている。

## 5　弔いの多様性

「洗骨」や「ダビワー」（骨を噛む儀式）の習慣を持つ人々は、遺体と真正面から向き合うことを余儀なくされる。遺体が醜い様変わりを遂げる様子を目の当たりにし、それに自ら触れることは死を意識化させ、他界の物語がリアルなものになっていく。その精神を学ぶことは、現代社会に生きる我々にとって大きな意味を持ち得るだろう。

「洗骨」という儀礼は、粟国島では近年まで風葬が残っていた場所である。風葬にはいろいろな形態があるが、一般的には洞窟や森に死体を安置する。川村只雄氏の言葉を借りれば、次のようになる。

……風葬というのは天然の洞窟や『墓地の森』の中になきがらをただおいて帰るのである。おいて帰ったら再びお墓詣りをするのでもなく、何周年というような法事をするのでもない。都会人の頭で抽象的に考え、外面的にのみとらえるならば、まさに、死体遺棄とでもいいたいところである……

琉球諸島において、風葬地として用いられていた洞窟では、今でも骸骨を見ることができる。喜界島などでは、共同の墓地に風葬し、数年してから「洗骨」して一門の「墓地」に改葬するという。一方で粟国島では、石室墓地群が作り始められるまでは、「エーガー御嶽」は死後すぐに遺体を安置するための共同墓地として利用されていたという。「エーガー御嶽」のある山全体が「ウガン（御願）山」と呼ばれていることからも、古くは「ウガン山」の色々な部分が時代と場所を変えながら、風葬地として利用されてきたのかもしれない。

奄美諸島では、遺体を棺には入れないで一ヵ月くらい毎日お墓に通って見に行く。どんなに大事に思っている人でもせいぜい三日であり、まともに直視できなく、腐敗の臭いがしてくる。死んだ人の臭いがすることで、「死んだ」ということを確認する。沖縄諸島では、「お墓から歌が聞こえたから開けてみたら生きていた」「ガンから液体みたいなものが垂れてきたからのぞいてみたら生きていた」という話が実際にある。

宮古島の葬送の事例では、島出身のライターである宮国優子氏が次のように語っていた。

粟国島のエーガー御嶽

……親族が亡くなった時、お墓に棺桶を入れたあと一週間くらい毎日食事を備えにお墓に通った。（今から二五年ほど前）ヤドカリがうじゃうじゃいて、なんかすごく気持ち悪かった。本土の普通のお葬式とはなんか違うなあという感じである。

宮古にいると死の世界と生の世界がすぐそばにある感じがすごくする。だから逆に死を遠ざけて、墓参りも特別な供養もしないみたいな適当な感じにあしらう。

死と生の世界が隣りあわせだったのは宮古だけのことじゃなくて昔はどこでもそうであった。宮古のお墓は崖をくりぬいた感じで入口はすごく狭いが、中は広くて、そこに人が死ぬたびにどんどん新しく棺を入れていく。

臭くはなく、棺の中に納まっている。顔の部分は開けて見える。親戚の叔父は慣れていて、「はい、次！」みたいな感じでどんどん死んだ人を入れていた……

石垣島の宮良集落では、遺体を焼かずに亀甲墓に納めていたという。集落からそう離れていない墓場からは、時折、死者の腹部の破裂音が聴こえたそうだ。

かつての人々は、死者の存在を意識するのはどれだけ恐ろしかったことだろう。だからこそ、死者に対して恐怖感を持ち、その魂を慰め、他界に落ち着かせ、生者と良好な関係を結ぶための様々な儀礼を行った。

死者の親族は慣習のしきたりにしたがって、血縁者を失ったということの確認と、生者と死者の分離を行う。そして、その過程を進めていきながら、自分の生命や存在の位置付けを血縁関係の中に見出していく。同時に、死者を出した家と親族を中心として、村の中での共同性を強めていく。

確かに弔いの習慣には、死後も死者との家族関係を何らかの形で維持したいという〈祖先崇拝〉と、祟りをもたらすかもしれない死者との関係を断ち切りたいという〈死霊畏敬〉のふたつのベクトルが並存している。しかし、谷川健一氏は『魔の系譜』の冒頭で「日本では先祖とのつながりはあるにしても、普遍的な死者と生者の連帯はない。あるのは対立だ。しかも死者が生者を支配するのだ。」と断定している。

最近では風葬の習慣も廃れてきたため、豪華な厨子甕を作るところが減っ

石垣島の宮良集落

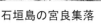

て手に入りにくくなっているともいう。厨子甕が大きすぎるため石室の中のスペースが足りなくなり、火葬にしてコンパクトな骨壺にした方が理にかなっていると考える人も多い。

一方で、火葬の結果として残った遺灰を厨子甕に納めることを希望する人もいるという。遺体が入っていた棺は不要物であるから、共同の棺捨て場に捨てるそうである。

栗国島の墓の形態は、西側の切り立った岩山の岸壁を刳り抜いた石室である。栗国島では、沖縄の他の地域の石やコンクリートの墓のように、入口を漆喰で塗り固めることはしない。石室の入り口を積み石で目隠しするだけである。そのため通気がよく、この石室の中に蓋のない棺を安置すれば、野ざらしにしたのと同様、数年もすれば遺体が朽ちる。

栗国島の墓地

森や洞窟に死体を置いてくるだけの通常の風葬では、鳥や犬などの動物に遺体が食い荒らされたり、波や台風に運ばれて遺骨の一部が紛失したりすることもある。しかし、この形態であれば、遺体は動物の手からは守られ、自然の大きな猛威にさらされることもなく、ゆっくりと時間をかけて安心して骨となっていくことができる。

栗国島では家族の誰かが亡くなると、まずは遺体を棺に寝かせてこの石室の墓に入れる。そして、二四時間以上経過してから家族の女のみが再び墓を訪れ、死者の身体を折り曲げて屈葬の形にする。三年から五年たつと洗骨する時期になり、泡盛や水で洗って、これを華やかな装飾のついた厨子甕に納める。

近年に至るまで琉球諸島では、栗国島の他、与論島、伊是名島の三島において特に風葬が盛んであった。

火葬は法律的な義務ではないが、衛生上の観点から火葬が推奨されている。そのため、火葬場のない場所に居住地がある場合、自治体から風葬や埋葬の許可がおりないことがある。三島のうち伊是名島には火葬場が作られたため、風葬の風習は急激に廃れていったが、粟国島と与論島は風葬が残った。しかも、粟国島と与論島の両島に共通しているのは、死者の身体を曲げて葬る「屈葬」の形をとっていたことである。

「屈葬」を行う理由として、古典的な説には二つある。ひとつは、「屈葬」の体勢は母胎における胎児の姿勢をかたどったものであるという説、もうひとつは死者が戻ってくるのを恐れてきつく縛る風習と関連があるという説である。

最初の説は死者がまた再生することを祈る意味があり、二つ目の説はこれとは逆に、死者の身動きを封じるという意味を持つと言える。死後硬直が解け始める一日以上が経過した頃、ずっしりと重い遺体を折り曲げて死者の体勢を整える作業はけっして楽ではないはずである。しかし、この作業は一族の女たちが中心となって執り行う。

河村只雄氏は、「屈葬」に限らず「洗骨」は一般に一家の女の仕事であるとし、肉体が完全に朽ち果てない状態で、ところどころに肉片が残って異臭を放っている遺体を洗うという「洗骨」は、けっしてきれいな作業ではないという。「風葬」や「洗骨」にまつわる一連の作業が、相当な肉体労働であるにもかかわらず、女の仕事となっている理由はなぜなのであろうか。

「死者が他界で生まれ変わる」という発想に基づくものであるのか、「死者は穢れているから」という発想に基づくものなのか、民俗学の研究者でも意見が分かれる。もちろん、琉球諸島の他の島々と同様、粟国島においても祭祀を執り行うのは女性たちであり、死者を弔う作業を中心に執り行うのも女性たちであった。

葬送儀礼は、「生」の場としての共同体の中から外へと死者を送り出す儀礼だったといえる。その死者が落ち着く場所として、海や山などの場がそれぞれの文化の中で設定されているが、この世とあの世は隔絶された場所にある必要はない。死者は、生者が暮らす空間の外に位置付けられ、そこで安住していると考えられていたのである。生者の間にこのような考え方が共通のものとしてあった時、葬送儀礼を行う行為自体が人々の悲しみを深めると同時に、悲しみを鎮める装置として働いていたのだろう。

与論島で洗骨儀式が始まったのは明治に入ってからで、それまでは共同墓における風葬があたり前とされた。しかし明治時代に入り、鹿児島県が風葬を禁じ、死体遺棄罪に問うとしたことから、止むなく始められたのが、いったん土葬を経た後の「洗骨」という形式であったという。「洗骨」に至るまでの様々な過程と関わる家族の思いもあり、また、風葬による祖先の骨が多数みられる崖下墓も存在しており、近年において、鎮魂と慰撫の在り方を問いかける内容となっている。

一般的に沖縄では「洗骨」といい、奄美では「改葬」という。ところが与論島では同じ行事を「ヌゥガン」と言い表わす。「ヌゥガン」とは「拝する」ことである。「改葬」は葬法を表し、「洗骨」は行為に関して使われている言葉である。それに対して「ヌゥガン」というのは、精神に重きを置いて使われている言葉である。

人口約六〇〇〇人の与論島の葬儀は、葬場を建設する計画が起こってから、島民が火葬場建設に納得するまでに三〇年掛かって、近親者を火葬にするということには、大変抵抗感があったという。

日本のみならず、世界中で土葬から火葬への移行が推進されている。日本の火葬率は九八パーセントを超えるほどになっている。全国市町村、どこに住んでいても車で一時間圏内に火葬場があるといっても過言ではない。

一つの文化が異なる文化に変化するのに六〇年かかると言われる。親・子・孫の世代が六〇年で入れ替わるという考え方である。そうした世の中の流れの中で、二〇〇四年に鹿児島県の与論島では、島で初めての火葬場がオープンした。土葬主流から火葬主流へと変わる節目を迎えていた。そう考えると、与論島の火葬場建設計画が出て三〇年経って火葬場ができた現在は、その折り返し地点といえるだろう。

それまでの葬儀には様々な決まり事があり、火葬を受け入れると、伝統的な習慣が揺らいでしまう。今でも臨終の際には、病院で危篤状態になったり、余命宣告を受けた患者は、一旦自宅にもどって最期を迎えるという。なぜなら、亡くなった場所にその人の魂が宿る、という言い伝えがあるからである。

「改葬」（洗骨）は、故人を埋葬した後三年～五年経って行われる。長いものは一〇年経ってから改葬される場合もある。「改葬」のタイミングは、墓の龕が地中に埋もれる度合いを目安にすることもあるようである。棺と遺体は、腐敗していき、その上の砂面は徐々に下がって行く。それに伴って、龕が砂に埋もれていく様子が容易にわかるという。

宇屋貴氏の調査（「与論島葬祭研究２００４」『葬祭研究所論文集』公益社葬祭研究所、二〇〇五年）に沿って、「改葬」の様子を見ていこう。

「改葬」の前日には通夜のような儀式があり、親戚が集まる。当日は早朝くらいから改葬を始める。二〇年前以前は、人目を忍んで夜中や早朝にしていたという。天候に関わらず、黒い傘をさしながら進めていた。現在はテントなどをたてたりして、親戚が集まってどちらかというと和気合々とした感じで和やかに進行する。

その最中はずっと、故人への声かけを忘れない。「改葬骨」（洗骨）はグロテスクだと、島の人々は口をそろえていう。四九日が過ぎれば、全ての関節が外れるという考え方があるようだが、三年～五年経って掘り返すと、骨は真茶色で、肉片がところどころに残っていることもあるという。

それらを、竹の篦《へら》などを使って取り外す。このとき決して鎌や刀などのような鋭利なものは使わない。頭から掘りだす。頭を掘り出すのは、喪主格の近親者の役目である。

続いて親戚の男性が全ての骨を掘り出し、女性が水とタオルのようなもので洗う。遺骨は、一メートル弱の高さの「イリジ」と呼ばれる骨甕に足から順番に入れていく。頭蓋骨の上には、タオルを何枚か入れ、その上に白衣（キヌ）を置く。骨甕の蓋は紐で固く縛られる。骨甕は先祖のものよりも下座に、上部を出した状態で埋められる。

最近は火葬場ができて、掘り出した骨が焼かれ、骨甕や骨壷に納められることもある。沖縄や奄美の葬送儀礼では、初めに風葬や埋葬をしておいて、ある期間の年月を経過して、遺骨を取り出して拭いたり洗ったりして、浄めてから改めて納め直すことを、「改葬」もしくは「洗骨」と呼んでいる。

また「ダビワー」という骨噛みの慣習もあり、人々が死者の「マブイ」（魂）を外の世界へ追いやるのではなく、直接的な方法で自分達の生命の内部に生かし続けようとする意図の表れと言えるかもしれない。石垣島の宮良集落ではその他にも、葬儀の後、子供や孫に対して「魂分け」をする習慣があったそうだ。具体的にはブー（麻糸のもととなる繊維）をねじって七つの結び目をつくり（あの世へは七つの川をわたることから）、輪にして身につけるというものである。

死という出来事を物語によって包むだけではなく、目に見える身体的な方法で死を確実に生へと繋ぎ、生者にとって絶望としての死を、生きる糧へと還元しようとする努力であると言えるだろう。葬儀業や火葬などの埋葬のシステムが確立されていなかった頃、死者の亡骸を処遇するのは当然ながら、遺された近しい者達だった。

現在ではほぼ全域が火葬に改められつつあるが、八重山諸島の一部では「洗骨」や「ダビワー」など、独特の埋葬慣習、あるいはその片鱗が残っている。「洗骨」では、墓内等に遺骸を保存するシルヒラシ（汁減らし）の期間を経て白骨化した遺骨を洗い清め、改めて骨壷に納めていた。また「ダビワー」（荼毘豚）では五〇歳以上で老衰等の「自然な死」を迎えた死者の身体を煮て食べたといわれるものだが、実際に文字通りの行為を行っていたかは不明である。

大林太良氏はメラネシアやアフリカ、南米、東（南）アジアなどの栽培民文化における同様の風習に触れ、その根底にあると思われる感情について次のように指摘している。


……葬制としての族内食人俗こそは、死者と生者とが密接な関係を維持しようとする努力の現れである。…略…死体は生者の血となり肉となって保存されるのだ。だから、族内食人族は、死者への恐怖よりもむしろ死者への愛情の発露である……


日本では仏教伝来（五三八年）以来、神仏習合の思想のもとで神と仏とは互いに交わり密接な関係を保ってきた。ところが明治政府の神仏分離の政策により、廃仏毀釈という社会現象を生み、政治に利用されて一部の狂信的な人々によって寺院が破壊された時期があった。

宇屋貴氏の論文「与論島葬祭研究２００４」によれば、与論島でも、一八七三年に沖永良部島より神官が来島して、寺を破壊し仏像や仏具を砕き、島内の仏壇や位牌を一か所に集めて焼却したという。徹底的に習俗から仏教色を排そうとして、その際に位牌の代わりに神鏡を「今後はこれを位牌として祭るように」と手渡したのである。

しかし、これによって従来の仏式様から神式様に一変された訳ではなく、既に一八七五年より戒名が授けられており、島民は神鏡に先祖の御霊を宿して従来の祀り方をした。ここに、香を焚き、花を供え神鏡を位牌として拝するという、仏式神式混合の様式が生まれることになる。

風葬は、岩の洞穴付近に四つ平らな石を置き、その上に棺を載せる。風葬の時、葬送中に、九本旗・七本旗・五本旗を掲げた。旗の数が多くなればなるほど社会的地位の高い家柄ということを示していたようだ。しかし、この風葬は国の指令で土葬に変えられた。風葬から埋葬への移行を必要としたのは、衛生上の問題が大きいという。近辺には死臭が立ち込めることも少なくなかった。

一八七八年に風葬から埋葬に鹿児島県から命令があり、一九〇二年に風葬から埋葬に県警から強制命令、一九五五年ごろから風葬の最後の時期となる。風葬から土葬にしなければならなくなり、試行錯誤を重ねて、過去を引きずりながら新たな方法を考えだしたのだろう。

これまで触れてきた琉球諸島に伝わる伝承・風習の中では、素朴ながら身近な生活の中の信仰によって、死を受容してきた伝統があったと言えるだろう。しかしこうした観念は、念入りな死者儀礼や祭祀を通して表現されており、平明な言語表現によって残されてはいない。

今帰仁村の崖葬の遺骨

このような遺体との付き合い方は、現在の私達の社会通念からすると、抵抗を感じないとは言えない。しかしこれらの風習を表面のみから捉え、「野蛮なもの」として安易に片付ける事は出来まい。遺骸の骨化は、言ってみれば「マブイ」(魂)の拠り所の消滅であり死の完了である。明らかに腐敗してゆく遺骸の姿を目にし、死を確認すると共に人々は霊魂の慰撫に努めた。あるいは骨を洗うという具体的な仕草は徹底的な魂の浄化により死穢を消滅せしめようとする意図を感じさせる。

しかし、現在の日本の臨床現場では、地域文化の多様性に目を向けるという機会はほとんどない。それどころか、病院における臨終から火葬、葬儀、埋葬というプロセスに、画一的に乗せられていく故人を見送ることが圧倒的に多い。こうした中、沖縄における本人および近親者の死の受容過程に、なんらかのひずみが生じているのではないかと感じる。多様な葬制や死の受容過程および背景となる他界観を具体的に検討することで、人が自分の死および近親者の死をどう受け入れていくのか、また最終的に死者をどのように弔うかについて、地域文化の多様性の観点から考える試みをしていくしかない。他界の物語を語る想像力や、死というものを体で受け止める力を、我々はまだ持ち合わせているのだろうか。

「散骨」に関しては、本土には「葬送の自由を守る会」があるが、奥多摩の山奥の国有林に散骨に行ったメンバーによれば、朝日新聞の記者が取材に来て大変な騒ぎとなっていたそうである。国有林である場所という理由で、役所の職員が来て現場写真を撮りに来て片づけをしていた。結局、遺族は日を改めて行き直して、散骨をやり直したという。遺骨はちょうどいい焼き加減というのがあり、温度が低くて骨がいっぱい残っていると生々しい。高すぎると全部灰になってしまう。生々しくない程度に適当に骨が残る温度設定があって、火葬場の裏側には設定のボタンがあるという。「散骨」の希望者も多いので、遺灰は火葬場に料金を支払って依頼すると粉砕した遺骨にしてくれる。それを「散骨」してくれる樹木葬も人気があり、例えば鎌倉の建長寺の正統院《しょうとういん》では新しい弔いの形を受け入れ始めている。

50年後の散骨をする樹木葬
（建長寺正統院）

死は我々に容赦なく、確実に訪れる。死者や祖霊と無意識にではあっても、私達と密接に繋がっている。沖縄の、そしてもしかすると日本人の死の受容というものは、祭りを通して物語られる他界の存在や、祭祀における身体的な仕草によるものなのかもしれない。それは言語化されない、感覚的な過程をたどる、死の内在化の思想とも言えるであろう。

　葬送の実務を共同体が行っていた時代は、近親者は死者との別れの時間をゆっくりもつことができていた。現在の一般的な死の風景においては、病院関係者や葬儀業者でなければ遺体に触れる事は少なく、私達が死者との身体的な繋がりを感じることは困難である。

　しかし近年、親族を中心とした遺族の手によって新しい葬儀の形がとられることも稀ではなくなってきた。密葬・お別れ会・偲ぶ会など、私達が死者を共同体の外へ生者の手で、納得をもって送り出すことが重要なのである。それは「死」そのものを取り戻そうとしていることの、ひとつのあらわれなのかもしれない。

# 終章　神の島・霊の島

島々の人々が神と崇める「自然」の在りようと、共にある生活のエッセンスは、「生態智」という概念に集約できる。それは、自然に対する畏怖の念を持って暮らすことで形成された自然と人間とが持続可能な関係を維持するための知恵のことである。

宗教学者の鎌田東二氏が提唱した概念であるが、そのような「生態智」を取り戻し、後代に伝えていくことの実践活動に可能性を感じた。島嶼文明の中核は「自然への畏怖・畏敬の念に基づく、自然と人工との持続可能な創造的バランス維持技術・思想・システム」としての「生態智」であると捉えている。琉球弧の島々をコモンズ論の視点からみれば、「霊性のコモンズ」という概念とも言い換えられる。

「霊性」（スピリチュアリティ）に基づいて、島嶼文明における「コモンズ」（公共資源の管理システム）がどう運用されるべきであるか、その可能性を探りたい。

「いま、私たちの社会は効率優先からいのちの時代に入った。自然と共存してきた祖先達の叡智に従い、あくまでも魂を軸にした島共同体の再生を目指し、伝統文化を堅持しようと人々が太古から受け継いできた文化の根っこを伝えたい」

筆者の師匠である故・大重潤一郎氏（映画監督）は、久高島の再生へ向けての格闘の過程を懸命にドキュメントしつづけた。

「祭りのある村には未来がある」と言われるが、それは祭りが生態学的循環の結節点として伝承されてきたことによることが大きい。筆者は沖縄本島、久高島、粟国島、古宇利島、宮古諸島、八重山諸島をフィールドとし、琉球弧における自然と人々のつながりを、「コモンズ」と「霊性」（スピリチュアリティ）の相関関係に着目してきた。特に久高島と古宇利島には「神の島」という世界観があり、「霊性」に基づいた祭祀組織と年中行事がある。

このような経験知は、久高島、粟国島、古宇利島のみならず、琉球弧の島々が堆積してきた民衆的公知であった。「アーキペラーゴ」（多島海）の中で、変動する自然に順応しながら生き延びてきた技術と経験知があったのである。

## 1　生きるよすがとしての生態智

神人のコミュニケーションとコモンズの関係性を考えると、地域共同体へのシャーマンの影響があると言えよう。地域共同体の海人の営みには、シャーマン的な役割をもった人々の関与があるのは本書で触れた通りである。その影響が、漁撈祭祀や豊漁祈願、富の分配などに一定のルールを与え、海のコモンズと連動して機能している。

例えば、久高島の「七月綱《シチガチジナ》」は、海の富を分配するコモンズの機能を果たしている。漁においては二隻の舟が円を描くように、網を張って、目標とする魚の量に達するまで、何回も網を入れる。採れた魚はすぐに港にあげ、男達が総出で一部をのぞき刺身にする。刺身にしない魚は、古い家に供える分と漁に出たものに分けていく。獲れた魚の中から〈クニガミ〉に捧げる供え物「ウタカムン」をとり分ける。残りは、漁に出た人々で平等に分ける。このような「七月綱」は、「ソールイガナシー」という男性祭司が指揮をしていたが、二〇〇二年、ついに途絶えた。現在は、男性祭司は不在のままであるが、この分配の慣習が続けられている。つまり、シャーマンがいなくても形だけは残っているのであるが、慣習を「ハッシャ」（村頭）が代行しているのである。

午年の旧暦二〇一四年一一月一五日は、本来なら〈イザイホー〉の日であった。新暦では、二〇一五年一月五日にあたり、一二年目の節目の日がやってきたのである。今は無き〈イザイホー〉にあたる日の午後、久高殿の神アシャギの中で、若い神人が祈りを捧げていた。

この島では年中行事は実に、二七回も行われている。祭りは、神女たちが主催する農耕に関する祭りと、男たちが主催する海に関する祭りを柱に構成される。さらには、島人たちの健康祈願、祓い清めの祭り、「ニライカナイ」からの来訪神に関する祭りなどに大別される。

祭りは一ヶ月に一から二回、多いときは四回もある。祭りの日取りは、「ティキガナカ」（月の中の意）の〈ミンニー〉の日が良いとされる。〈ミンニー〉とは、「みずのえ」「みずのと」「きのえ」「きのと」の四日間のことで、「きのえ」「き

漁撈祭祀の神役
ソールイガナシー

「ウタカムン」としての
魚の分配

のと」は〈ウットゥ（弟）ミンニー〉といわれている。この日取りは、ノロなどの〈クニガミ〉（ムラ単位の祭りを司祭する神）たちが決めていた。今は、神人たちで話し合って決める。

〈イザイホー〉の「ティルル」（神歌）は、祭儀の中で謡われる神歌である。それには島の人々の思い（ウムイ）、願いが込められている。「ティルル」と「ウムイ」については、次のような記述があった。

……イザイホーの歌には、ウムイとティルルがある。ウムイは香炉に向って坐って謡うもの、ティルルは立って舞いながら謡うものという区別があるのではないかという。アシビ（遊び）の歌はティルル、祈願の歌はウムイということになろうか……。（桜井満編『神の島の祭りイザイホー』）

イザイホーのティルルの風景
（比嘉康雄撮影・映画「久高オデッセイ」より）

多くの神歌の中から鑑みるに、「七つ橋渡り後のイザイホーのムトゥティルル」が「ティルル」と「ウムイ」の本質を言い当てていよう。その大意について、比嘉康雄氏・谷川健一氏が著した『神々の島 沖縄・久高島のまつり』から抜粋して次に記載したい。

イザイホーのムトゥティルルを声高らかにうたいました。
どうぞナンチュたちを一二〇歳までも長生きさせて下さい。
嶽々を栄えさせ、

夫を栄えさせ、息子たちを栄えさせ、
元を栄えさせ、島を栄えさせ、
ノロの畑も、ムラ人たちの畑も栄えさえて下さい。
北の海へ行く、久高の男たちを守って下さい。
今年一年中、みんな、しあわせにして下さい。
神女たちは、
ニライカナイを拝み、天を拝み、
真南にあるスベーラキを拝みます。
明日の早朝には、もっと、もっと拝みたてまつる。
どうぞ、御神様、お聞き届けください。

この「ティルル」（神歌）を読むと、久高島に生きる人々の深い信仰と、日々の暮らしの中での思いや願いが込められていることが分かる。この「ティルル」（神歌）は、〈イザイホー〉の三日目の円舞の際に歌われるものであった。祭祀によって「ティルル」は数多くあるが、神女たちは祭祀の前に特に練習などはせず、「その時になると神が歌わせてくれる」のだという。神女と神が一体となり、神女の声を借りて神が歌ってこそ、「ティルル」となるのであろう。

〈イザイホー〉の儀式には、「アシビ」（遊び）という名称がついていて、「神遊び」を意味する。「ユクネーガミアシビ」（夕神遊び）から始まり、「カシラタリシビ」（かしら垂れ遊び）、三日目の「ハーガミアシビ」（井泉の神の遊び）などがあり、現代的な意味の「遊び」の観念とはまったく異なる。「神遊び」については、次のような記述がある。

……久高島では、イザイホーの時にノロ以下のカミンチュ〈神人〉が歌い舞うことを、アシビまたはカミアシビと言う。折口信夫氏の言う〈遊び〉の原義…鎮魂のための歌舞が、ここに顕然と生きているのを知ることができるのである。

また、そういう〈神遊び〉にうたう神歌を、この島では「ティルル」と呼んでいる。これをオモロとかウムイと呼ぶ人もあるが、ティルルとウムイ（オモロ）との間には区別があるようである。

久高ノロ（安泉ナヘ氏）の話によれば、ティルルは神様に申し上げることばで立ってうたうもの、ウムイは坐ったままうたうものではないかということである……（桜井満編『神の島の祭りイザイホー』）

「神遊び」は久高島だけではなく、広く沖縄の各地の祭祀にも残されている。本書では水神信仰について久高島と古宇利島の事例について触れてきたが、水神のいます井泉（カー）への祈りとして、〈イザイホー〉の「ティルル」の中には感謝の舞がある。「ハーガミアシビ」という神歌にのって神人たちは舞ったという。

【ハーガミアシビ（井泉への感謝の舞い）】

ヒーユスマーヤ（久しく）　ナマイガーヤ（今日の良き日）

ムムトゥマール（十二年ごとに）　ティントゥマール（めぐってくる）

イザイホーヨ（イザイホーよ）　ナンチュホーヨ（ナンチュホーよ）

イティティグゥルー（イティティグゥルー）　ウトゥガニヤ（ウトゥガニヤ）

タルガナーガ（タルガナーの）　アムトゥシジャ（始祖は）
マチヌシュラウヤサメーガ（月神が）　タボーチメール（管掌している）
クガニミスジ（黄金の御スジ）　クゥガニウムトゥ（黄金のウムトゥ）
ウサギノーチ（スジつけをして）　ナンチュホーヨ（ナンチュホーよ）
ヒャクゥニジュウガ（百二十歳までも）
タキブゥクイ（タキが栄え）　ムイブゥクイ（森が栄え）
フサティブゥクイ（夫が栄え）　ウンジブゥクイ（息子が栄え）
マダマソーティ（真玉をして）　ティダマソーティ（手玉をして）
イティティバシラ（五ッ橋）　ナナティバシラ（七ッ橋）
アシトゥンシャン（足音もなく）　ピイシャトゥンシャン（足音もなく）
ムルトゥヌギ（軽々とこえ）　ムルヌグイ（とぶようにこえ）
ムトゥサカイ（草分けの家が栄え）　ニームテー（根家が栄え）
シマサカイ（島が栄え）　シマムテー（島が栄え）
ヌハルユイ（ノロの畑が栄え）　グゥユシユイ（シマ人の畑が栄え）
ニシハイラ（北に行く）　ハイニシラ（北に行く）
フボヨリーガ（久高人が）　アイジュハタ（行くところ）
イトゥハティティ（絹のように波静かに）　タビミソーリ（してください）
（比嘉康雄『日本人の魂の原郷　沖縄久高島』）

このような美しい詩学にもとづいた舞いや神歌は、今は存在しない。だが筆者は二〇一二年一月五日、すなわち旧暦の午年の一一月一五日、〈イザイホー〉の初日にあたる日に久高島に渡った。今はなき、〈イザイホー〉にあたる日の午後、久高殿の神アシャギの中で、若い神人がその神歌の祈りを捧げていた。静かながらも、〈イザイホー〉の「ティルル（神歌）」の旋律が謡われていた。まるで、老木に新芽が生えるような詫びの神歌であった。それを現場で聴いた大重潤一郎監督は遺言を残した。

……地下水脈から　にじみ出てくるような歌声であった
祭りは途絶えているが　祭りの命は息づいている
祭りは人間が生きている限り行われる
生きていることの証が祭りである
やがて　違った形で復活するだろう
一二年間待っていた島の姿を確認した

海に育まれている久高島は　姿を変えながらも　脈々と命を繋いでいた
島こそが　楽園ニライカナイであった……

その七ヶ月後に大重潤一郎氏は記録映画『久高オデッセイ』の三部作を完成させ、二〇一五年七月二二日に肝臓がんのため、六九歳で異界へと旅立っていった。大重氏は島の風土に触れ、島人たちと交流するうちに「この島こそが、楽園ニライカナイではないか」と思い始め、余命わずかな人生を映画づくりに捧

神アシャギで祈る若い神人

げたのである。

死を迎える場所や弔いの過程がシステム化した現在では、臨終のためのホスピス、死の受容のためのグリーフサポートなど、近代化システムの上にさらなるシステムを導入することで死に方の質を高めようとする動きが出てきた。しかし、琉球弧の離島における文化的独自性を活かすことで、大重氏の事例のように地域文化を「よりよく死に、よりよく送る」ための手段として改めて活用できないかを模索すべきであろう。

火葬場のない久高島・粟国島・古宇利島といった島々では、ごく最近まで本人の希望で「風葬」や「洗骨」が執り行われることもあり、二〇〇〇年代まで火葬場の無かった与論島・伊平屋島なども独自の葬制が残っていたのであった。しかし、日本の臨床現場においては、臨終から火葬、葬儀、埋葬というシステムに自動的に乗せられていく故人を見送ることが多い。こうした中、筆者は、死にゆく本人および近親者の死の受容過程に何らかの歪みが生じているのではないかと感じていた。

地域文化として葬制の検討を試みるにとどまらず、多様な死の受容過程と弔いのあり方を具体的に検討することで、自分の死および近親者の死をどう受け入れるか、また最終的に死者をどのように弔うかについて、超高齢化社会を迎える我が国における地域文化の多様性を担保するのは重要であろう。

古今東西の民族がどのような死生観を持ち、どのような葬送儀礼を行っているかを眺め、改めて考えてみると、現代医学や現代生物学の人間観・生命観はきわめて特殊なもののように思われる。現在の医療現場において、命を永らえさせる技術が発展しているにもかかわらず、過剰な治療といわれるものを多くの人は希望しない。

人間とは最後の最後まで、自分の人生というものの意味を考えずにはいられない生命体なのかもしれない。そしてその意味を考える時、宗教というものが人間のそばに寄り添い、機能してきたのだろう。古来より人間は死に対してずっと多様な概念を持ち、多様な弔い方をしてきた。それゆえに、本書では独自の他界観と弔いの過程が残る琉球弧を事例とし、死や死を受容する過程、他界観や生死観について検討してきたのである。沖縄本島や久高島・粟国島・古宇利島に関して、洗骨や葬制・墓制、他界観とシャーマニズムに関して述べることで、多様な葬制や死の受容過程、および背景となる他界観が浮かび上がる。超高齢化社会を迎える我が国において、人が自分の死および近親者の死をどう受け入れていくのか…を考える手掛かりとなろう。最終的に死者をどのように弔うかについて、地域文化の多様性の観点から考えるしかない。

従来から沖縄社会の中に根差していた死の概念や埋葬のありかたを改めて検証し、現行の法規内での「よりよく弔い、弔われる」ために風土に根ざした方法があろう。それが「スピリチュアルケア」にも繋がっていく。

死に向かう人の看取りについて意識的に行動するケアに関しては、日本においてホスピスが制度的に整備され、その運動が浸透してきたのはここ数十年のことである。アメリカを始めとする西欧諸国では、患者に対して病名や余命の告知をする事が日本に比べて比較的容易であるという。そういった事の背景には、「スピリチュアルケア」という概念が定着している背景もあり、キリスト教圏とそうではない地域という宗教的な要因も関係しているのかもしれない。いずれにせよ、ホスピス・ケアの基本は患者に対する深い人間理解であり、そこには多分に宗教的なものが作用している。

太田有紀氏の著作『死を想い生を紡ぐ』（ボーダーインク社）では、医師の岡田安弘氏の見解を引用し、生物学的な観点から死や末期の状態を見つめ直す中で、人間の存在を肉体だけに還元することには無理があるとし、「宗教的教育」や「こころのケア」の必要性を唱えている。

日本のホスピス病棟設立の先駆けとなった淀川キリスト教病院の柏木哲夫氏も、終末期における患者の死の受容について、「何らかの信仰を持っている人は自分なりの死後の世界を確信でき、死の受容を遂げやすく、後に〈心の澄み〉が残る」と報告している。岡田安弘氏は、ターミナルケアにおいて必要な「宗教性」について次のように述べている。

……ここで宗教とは何かを論ずることはできないが、宗教は物質と物質の関係の追及に基礎を置く近代科学医療のもっとも欠けているものを与える可能性を持っているように思われる。…略…人のこころに深く定着してきた宗教は、何らかの形で人間の有限性と無限性を主題にしてきた。そして神や無という無限性の中に有限な自己を見ることによって、救いを見るものであったと思う。…略…その意味では、現在日本でも重要視されている宗教的背景を持ったホスピスやビハーラの役割はきわめて大きいと言わねばならない。それらの役割の中では宗教宗派を超えて、有限と無限を問題とする宗教性が大きな機能を持っているものと考えられる……

（岡田安弘、カールベッカー編『生と死のケアを考える』法蔵館、二〇〇〇年）

「死」そのものをとりまく状況も変化しつつある。現代ほど、私たちひとりひとりが自分の死生観を揺さぶられ、その答えを求める時代はなかったであろう。しかし、このような環境の変化のもと、万人が共有できる解答を導き出すことはほとんど不可能である。今でも殆どの場合、葬送儀礼はそれぞれの文化においての「他界」においての道行きを想定して行われる。しかし遺体に対する実際的な処置は医療者・葬儀社によって行われる事が一般的になり、遺族でさえも身内の遺体に触れる機会は減少している。

現代の日本社会における「死」は、ほとんどの場合、無菌化された病院という場で生じ、火葬というプロセスを通じて弔われる。しかし、これはあくまでも病院や火葬場、あるいは火葬法や衛生法という近代システムが整備されたことで初めて生じた事情である。

また、医療技術が発達した時代に生まれたからこそ出現した、生命そのものを問い直す問題にも、我々は対峙せねばならなくなってきた。それは例えば脳死者からの臓器移植であったり、ターミナルケアや延命措置についての問題だったり、出生前診断の問題だったり、クローン技術の使用についての問題であったりする。

これらの問題を抱えながら、いくつかの要因が重層的に存在する場所に私たちは立っている。高度経済成長を経験し、情報化社会の渦中にあると同時に長い歴史と独特の文化の上にある社会で生き、そして伝統的社会の崩壊を体験しつつ、いまだ新しい社会のあり方を模索している状況にある。医療技術の目覚しい展開を見ながらも、新しく発生した生命倫理の問題の前に直面しているのである。

そのような時代だからこそ、琉球弧の伝統的な精神文化における生命観や世界観が、自らの死生観を構築していく上での一つのよすがになるのではないだろうか。

## 2　霊性のコモンズと死生観

近年、豊かな自然が残されてきた宮古島においても、手つかずの砂浜が少なくなってきた。島外からの資本が流れ込み、リゾートホテルが砂浜を覆っていったからである。砂浜や海だけでなく、本土復帰からの二〇年間で宮古の森が半減したというニュースが一九九四年に流れた。

宮古島の森は御嶽の神々と密接に繋がっている。民俗学者の谷川健一氏は、この島の森を守るために「宮古島の神と森を考える会」を立ち上げた。毎年、宮古島で集会を開き、森の重要性について語ってきた。ここで重要となるのが、生態人類学者の秋道智彌氏が指摘するような、「カミのいる所有論にむけての可能性」であろう。この思想は、人間中心主義から如何にして脱構築するか…というテーゼへの思索でもある。

秋道智彌氏は、「アニミズム」（自然崇拝）の視点に「カミ」という装置を見出した人間の可能性を踏まえ、次のように述べている。

……近代における開発と保護の論理だけによって人間と自然の関係がきめられ、両者のあいだに一分のスキもないことになれば、それは人間の独善であり、おごりではないか。人間は自然をすべて掌握したわけでも支配しているわけでもない。自然のめぐみをうけてきた森の民、海の民は自然のなかにカミの世界を見出した。そのカミにたいして、人びとは日々の幸を感謝するとともに、畏敬の念をわすれなかった。

自然を開発もするが、保護もわすれないという重層的な思考と実践があった。そして人びとは人間と人間以外の存在の尊厳を認めていた。自然のなかで保護すべき場所は、資源を管理するための場であり、神のいる場所でもあったのである……

（秋道智彌編『自然はだれのものか　「コモンズの悲劇」を超えて』昭和堂、一九九九年）

「カミ」という概念が絡んでくると、宗教的な要素が強すぎるという理由から、フィールドにおける実証性や論拠がないと指摘されることもあろう。だが、こうした近代的思考にこそ問題がある。「カミ」のいる世界観を追求することは、決して過去の民俗文化へのノスタルジックな志向でもない。

むしろ、新しい自然観を踏まえ、これからの「コスモロジー」（世界観）を創出する手がかりになりうるのである。「霊性のコモンズ」とは、宗教哲学者の鎌田東二氏が提唱している「生態智」とも重複する視点もあるが、地域社会の資源管理システムを「カミのいる所有論」と連動させる可能性を探る試みとなろう。

渡名喜島には地割制度の土地の姿が残っており、安良城盛昭氏の著した『渡名喜島の「地割制」』（『渡名喜村史 下巻』渡名喜村、一九七七年）によれば、地元の方の話では、地割制度を後世に語り継ぐための資料として、その場所だけあえて当時の姿を残しているという。

この島は、少なくとも近世期以降、琉球諸島において広く採用されていた耕地の共有システムである「地割制」の遺構が残存する数少ない地域の一つである。明治後期に地割制が廃止されるまで存続していた「地割組」と呼ばれる耕地があった。

そもそも「コモンズ論」は「資源管理論」として論じられることが多く、地域の環境資源を基盤として、そこに根づいた自治的な生活世界に焦点を当てている。現場重視で、地域における「真の福利」（Well-being）を高めていこうとする目的にそって、外部行為体との協業（ガバナンス）する道筋を見いだすことが意義となる。それを「公共性」や「公共圏」という概念で論じることが多い。

経済学者の宮本憲一氏によれば、「現代的な公共性論が主張する基本的人権」とは、「社会権といわれている生命と健康の保持、思想の自由などの人格の尊厳に基づく生活権、労働権、アメニティ権や環境権な

地割制の象徴である地割石

どがその内容」となっている。

一方で、民俗学者の菅豊氏の指摘するように「コモンズに〈平等性〉や〈公正性〉という価値を過剰に期待してはならない」という冷静な視点も必要であろう。〈現場の真実〉に向きあえば、どんなに小さな辺境の共同体であれ、現代的な社会制度や経済構造に晒されている現状を目の当たりにさせられるのである。

コモンズ研究者は「小地域の自治力」の創造や再生の中に、資源環境問題や現代社会の問題に対する解決の糸口を求めてきた。「小集落における自給」、「農林水産の生業」、「共有・共用」、「在地の習慣・慣行」、「地域の伝統文化」などを、「時代の諸課題を突破する可能性を秘めたもの」として、再構築していく道筋を見いだす試みでもある。


競争万能の市場原理主義が、社会の激烈な分断と対立をもたらした。「喉元をかき切るような競争」のはてに共同体が崩れていく。そこで失われた絆や人間信頼の輪を取り戻し、社会統合を回復すべき…と唱えて登場したのがネオ・コンと呼ばれる「新保守主義」であった。かつての島々には人間相互の信頼とか絆があったが、資本主義国家のやってきた規制緩和政策、市場原理主義がそれを破壊してしまった。

経済学者の宇沢弘文氏は、ミルトン・フリードマン氏を厳しく批判していることで知られている。フリードマン氏は、シカゴ学派のリーダーとして、市場原理主義を共和党政権とともに突き進め、アメリカ社会に大きな格差と不安定をもたらした張本人と目されている。もともとシカゴ学派の中心的教義は、フリードリッヒ・ハイエク氏とフランク・ナイト氏によって唱えられた新自由主義である。

あらゆるものを市場に任せるのが富の最適配分をもたらすという考えのもとで、消費財はもちろん、労働も金融までも市場を作るべきとまで唱えていた。ところが、現実的には市場は正常に機能する条件を整えることができずに、大きな格差がもたらされた現実に直面している。

宇沢弘文氏は河上肇氏の『貧乏物語』に刺激を受け、当初はマルクス経済学を学んでいたが、アメリカに渡り近代経済学に目覚めた。そこで宇沢氏は、「コモンズ」という概念に着目した。まさに近代経済学の進展史は、『経済学は人びとを幸福にできるか』(宇沢弘文著、東洋経済新報社)に凝縮される。

「コモンズ」という考え方は、世界中のいたるところに歴史的あるいは伝統的な形でさまざまな分野にある。「コモンズ」は必ずしも特定の組織なり、形態をもつのではなく、「社会的共通資本」としての機能を十分生かせるように、ある特定の人々の集団が集まって協同的な作業として「社会的共通資本」の管理や運営をしていくものである。いわば、そういった共同的な人間の生活の営み方を「コモンズ」と総称している。

たとえば、明治時代まで自治権は村にあったため、溜漑池は村長が中心になって、村がいわば「コモンズ」的な自治によって管理していた。溜漑池は村が経済的に自立するための重要な施設であった。つまり、「コモンズ」とは、かつて日本の村落共同体にあった「入会《いりあい》」のような、協同組織的な性格を持ちながら様々な「社会的共通資本」に携わってゆく…というのが、「社会的共通資本」のイメージである。自然やインフラ、医療や教育はもちろん、金融や出版、情報メディアも社会の共有財産であり、「社会的共通資本」の範疇に入るという意識のもとにある。

このように、市場原理主義に対抗しうる経済理論を構築し、その実現に向けて精力的に活動を続けた宇沢弘文氏であるが、その根底には、「共有財産の精神に返れ」という島人にとっては馴染みの深い、非常に素朴な想いがある。

「社会的共通資本」(Social Common Capital)という概念は、社会全体にとって必要な環境や資源が、市場原理によって破壊されるのを何とか防ぐことができないかという思索でもある。一九九〇年代に提唱され、一つの国ないし特定の地域が、豊かな経済生活を営み、すぐれた文化を展開し、人間的に魅力ある社会を持続的、安定的に維持することを可能にするような自然環境や社会的装置を意味する。

「社会的共通資本」は、私有的な管理が認められるような稀少資源から構成されていたとしても、社会全体にとって共通の財産として、社会的な基準にしたがって管理・運営される。そのときどきにおける自然的、歴史的、倫理的、文化的、経済的、社会的、技術的諸条件に依存して決められる。

したがって、「社会的共通資本」は〈自然環境〉、〈社会的インフラストラクチャー〉、〈制度資本〉の大きく三つに分けられると宇沢弘文氏は考えている。都市や農村と同じく、島々の集落は「社会的共通資本」と考えることができる。自然環境、教育、医療をはじめとして、重要な「社会的共通資本」が安定的に維持・管理され、そのサービスが社会正義に適ったかたちで、島人の一人ひとりに供給されるような制度の実現を目指すことが、直面する最大の課題の一つであるといってよいであろう。共通資本の管理・維持のためには、密接な関わりをもつ生活者の集まりや、海人のような職業的専門家集団によって構成される「コモンズ」としての立場に立ってなされなければならないのである。

古宇利大橋が架かった古宇利島

ここで「コモンズ」に関して、古宇利島と久高島の事例を通して見ていくことにしたい。

古宇利島は、二〇〇八年二月に名護市の屋我地《やがじ》島から全長一九六〇メートルの古宇利大橋が開通し、観光客で賑わいを見せている島でもある。屋我地島と橋で結ばれ、古宇利島が「架橋離島」となったことで、産業構造と人間関係が大幅に変わってきたという。この島は沖縄本島から一・三キロメートルほど離れ、周囲約七・九キロメートルの今帰仁村《なきじんそん》唯一の離島であった。古宇利島は海岸段丘からなり、北の海岸にはポットホール群やポットホールに入った赤土が石化していく貴重な過程がみられ、沖縄本島の海浜が開発で失った自然を豊かに残している島でもあった。

古宇利島の神々の祭りは橋が開通した翌年の二〇〇九年の時点では、神人組織としての機能は厳しい状態であった。祭祀も後継者の不足もあって崩壊していた。やはり土地を売ることが、シマ共同体の結束を弱め、祭祀の崩壊を早める一因になっていると考えられる。五〇メートルほどの観光タワーを建てるという計画が現実のものとなり、資本主義の〈象徴的なもの〉が現れた。

以前は、古宇利島の北の方は農地だったが、外部の資本が次第に入ってきて、リゾート地として売買された。リゾートマンションやリゾートホテルを建てるという計画にまで発展した。ホテル計画は頓挫しているが、ペンションや別荘が次々と建てられている。今まで住んでいた島の人と、新しく移住して来た人たちには距離感があるという。

古宇利大橋のたもとにも、いろいろな施設が立ち並び、税金が投入された。その周辺に移り住んでいる人たちは、もともとの島人たちと交流が希薄であると聞いた。もちろん運動会や大きなイベントには一緒に参加するが、今まであった神行事には参加することが少ない。そんな歪んだ構造ができてきている。これは、資本主義の猛威がいままで入っていなかった場所、つまり離島のシマ社会に入ったときの風景となっている。このような風景は、シマ共同体の選択肢の一つとして「未来社会の縮図」になるのである。

一方で、南城市の久高島の事例であるが、以前、前の南城市長であった古謝景春氏と話す機会があった。古謝氏によれば、久高島にも橋を架けるという計画があったという。彼は古宇利島のことを意識してか、「私はそれを止めるというか、反対をした。これをつくったらどうなるか。やはり古宇利島のようになると思う。それだけは、断固してはいけない」と語っていた。資本主義に対する限界、経済主義の綻びというものを感じて、久高島には、橋という〈象徴的なもの〉を導入する流れが無くなって、今があるとのことであった。

古宇利島に二七〇億円の大橋が二〇〇五年に架かったことで（一般開通は二〇〇八年）、島の振興が促される一面があるかもしれない。だが、資本主義中心の振興の仕方というのが、歯止めの効かない開発主義の極みに来ていると感じている島人たちもいる。確かに時代も変わり、世間的にはＧＤＰ（国内総生産）からＧＮＨ（Gross National Happiness：国民総幸福度）へと関心が移っている。島民総幸福度ではないが、島々によっては振興の尺度の違いもあっていい。久高島は土地を個人所有できない総有制度を続け、ＧＮＨ的な尺度を選択している。

古宇利島はＧＤＰ的な尺度を軸とした選択肢を選んだが、久高島の事例、古宇利島の事例を持ち寄って、未来を模索するのも大切なのである。島々の交流を含めて、未来の島のあり方を模索していくのが、現実的な在り様であるのだと思われる。

確かに、資本主義・消費社会の環境が浸透していくと、「経済第一主義」にシマ共同体のシステムも変わっていき、島人も魔力的な「拝金主義」の価値観に陥っていく。伊江島には大きな飛行場があって、アメリカ軍がまだ空港の敷地を占拠しているのと引き換えに、巨額の税金が投入され、波止場や船のターミナルが整備され、離島の規模にしては立派すぎる環境ができあがった。小さな自治体は〈高級ベンツ〉を与えられても、その燃費の捻出や課税での充当で回しきれない。日本政府の地方自治行政では、快適な高級車を与えても、それを維持するためには自力で運営すべきと…突き放すのが現実である。結果としては、島人が苦しめられることになり、与えられた建物が立派なものであっても、そのメンテナンスは、結局、その島人たちや未来の世代で賄わなければいけない。この歪みをどうするべきかが課題となる。その選択肢を間違えると、将来に対する大きなつけになる。

では、久高島のＧＮＨ的な尺度を選択した流れは、どういう状況になっているのであろうか。

二〇〇三年に久高島振興会が立ち上がり、島の活性化を目的に有志で作られた組織が動き始めている。その総会において、島の伝統的産業であるイラブー漁復活への話し合いが行われていた。イラブーは海に住む毒蛇で、その採取から燻製までを祭祀の一部として行われてきた。イラブー漁復活へのさきがけとなるのは、一九九六年に途絶えた村頭の復活である。村頭は「法者《ハッシャ》」と呼ばれた。その「ハッシャ」の中から漁撈の神役「ソールイガナシー」が選ばれてきた。村頭である「ハッシャ」には祭祀を取り仕切る報酬として、イラブー漁の権利が与えられていた。「ハッシャ」の復活は、イラブー漁の復活とともに、祭祀の崩壊への歯止めとなる。

イラブー漁の復活

「ハッシャ御願立て」が二〇〇四年一月一九日に行われ、「ハッシャ」が代行という形で復活した。イラブーが集まってくる岬で、海に向かって祈る。「ハッシャ」は「ソールイガナシー」になる前に務める重要な役である。まず、「ハッシャ」代行の誕生を神様へ報告する。内間豊氏と内間正治氏の二人が「ハッシャ」代行に就任した。それは、途絶えようとしていた伝統の、再生への第一歩であった。イラブーの燻製小屋が久々に開いた。

久高島振興会の総会で、当時の区長の内間順千氏はこう述べている。

……本日は、先月に引き続いて、イラブーの問題と提案がありましたので、そのイラブーの問題を論議したいと思います。それから、ウガン浜では観光客がだいぶ賑わっております。日ごとに観光客の数が増えて、我が聖域であるウガン浜が汚されているのではないかと心配しています……

確かに、「神の島」としての歴史に誇りを持ち、神事、祭事を通して育まれてきた島の精神世界を再確認することは重要である。それによって守られてきた御嶽《ウタキ》など、聖域の自然が存在することは、島にとっては精神的にも大きな財産である。そのかけがえのない財産が資本主義の荒波に呑み込まれようとしていた。

だが一方で、現在の経済社会の中では、何周も遅れたと見なされてきたが、「一周遅れのトップランナー」になる可能性もある。「ハッシャ」代行の一人である内間豊氏は、その可能性を信じ、復活したイラブー漁と久高島の未来について次のように述べていた。

……久高島では、まずハッシャがいなくなったんです。ハッシャの役をすると、ソールイガナシーの役を受け継がなければいけないという伝統がありました。そのハッシャの役をする人がいなくなって代行を出したけれども、かってに魚を取る人が出て、収入がなく、無駄働きになってしまい、その結果、ハッシャ代行もいなくなって、やがて行事も衰退していきました。

しかし、イラブーは末端価格にすると何万数千円します。それをレストランに提供すると、上がる収益でもっと人間の確保もできます。その人たちには字《あざ》の行事もしてもらい、清掃とかをしてもらうこともあります。

イラブーは、久高島にとっては、一般によく知られた一大産業です。イラブは、世界各地で獲れる場所もあるが、それを燻製にする技術が久高島は独特です。だから、久高イラブーというブランドになっています。これは絶対大事なことです……

二〇〇四年の旧正月は、一〇年ぶりに復活した「ハッシャ」の初仕事の場となった。当時の区長の内間順千氏は声高に、久高島の新しい時代の到来を宣言した。

……今年は酉年、夜明けを告げる動物です、まさしく、久高島の夜明けがやってまいりました。島はおかげさまで色々な面で大きく動きつつあります。ご覧ください。昨年とこの場が変わった雰囲気を感じ取られると思います。

ハッシャ業務を復活させるべく、私ども一生懸命努力してまいりました。おかげさまで、八年ぶりにハッシャの復活を果たすことができました。内間豊、内間正治、ご両人がハッシャに就任しました。皆さん、盛大に激励の拍手を送ってください。衰退していく祭祀行事に歯止めをかけるべく、イラブー漁の復活ともども、久高島の夜明けであります！……

確かに「神の島」の地下水脈は涸れていなかった。島は最も深い、根っこのところから甦りつつある。豊かな稔りを得るためには、深く根を伸ばさなければならない。「神の島」と呼ばれる久高島は、この時代の流れの中で、「一週遅れのトップランナー」になろうとしているのだった。

琉球弧における自然と人々のつながりを、「コモンズ」と「霊性」（スピリチュアリティ）の相関関係に着目してきた。特に、久高島と古宇利島には「神の島」という世界観があり、「霊性」に基づいた祭祀組織と年中行事がある。シマに生きる人々の生活と、自然へのアプローチを考える視点が、「風土臨床」を気づく上での第一歩となり、新たな島嶼文明論と「生態智」の提言へと繋がるであろう。

南城市には六〇ほどの「字《あざ》」（＝区）があり、久高島の字久高もその中の一つにすぎない。だがＮＰＯ法人になった久高島振興会は、島の未来にとって重要な決議システムである。

かつて、ホテル建設、ゴルフ場誘致、架橋の敷設のような開発計画が次々と立ちあがった。それらは立ち消えたが、いずれにしても、資本主義はこのまま欲望の渦に巻き込みながら、「神の島」を閉塞させていくであろう。拝金主義の象徴的なものを受け入れていくのであれば、長い目で見て苦境に追い込まれていくであろう。

久高島では、新しい経済システムも次々に生まれてきている。例えば、雇用再生事業として二人の失業者に島の遊休地を有機農業で再生していく試みもある。二千坪の土地を再開発し、かつては畑だった原野をもう一度、畑に再生するという農業経済の構築である。次世代の「コモンズ」のひな型がつくれないかという模索でもあった。

久高島振興会の会議

一方で、土地の問題として遊休地が徐々に増えている。かつて、島の耕作可能な場所というのは、御嶽《ウタキ》以外の土地であり、その御嶽のほとんどは森になっていた。かつての畑は、今は原野に戻っている。十数ヶ所の畑を持っていても、耕す人や借りる人がいない。農地は旧来とは異なったシステムで運用していくしかない。

新しい技術として、「カバークロップ」（休閑畑に緑肥として植える作物）を使った実験を始め、自然農法に挑戦し、また微生物を使うことで土地の改善をしようとしていて、次世代の農業へと繋げる挑戦も実験的に始まっている。

琉球王朝の時代以来、島では今も地割制度が残り、村有地などを除いてすべて土地は共有地とされ、現在も「久高島土地憲章」に基づく分配と管理が行われている。

現代の渦中にあって、久高島の土地は、私有地としてではなく共有地として守られてきた。「神の島」と呼ばれた小さな島が、いま地球が直面している問題群の縮図を生きてきたのである。

久高島にこの「土地憲章」があることこそが、未来の「コモンズ」としてのモデルになり得ると考えられよう。目指すべき「未来文明」とはどのようなものであり、これから先どのように構築できるのか、これこそが具体的かつ実践的に問われねばならない。その手がかりを「久高島憲章」が提示してくれている…と共鳴している人びとは多い。

その久高島の「コモンズ」の元型となる「久高島憲章」の全文を最後に掲載して、本章を締めくくりたい。

【久高島土地憲章】　久高島土地利用管理規則

第一条　この規則は、久高島土地憲章（以下憲章という）を円滑に実施するために、土地の利用と管理について定めるものである。
第二条　①憲章第一条に定める字民は、土地を利用する場合、所定の書面をもって土地管理委員会（以下委員会という）に申請しなければならない。但し、申請人がかつて字民であった者の子孫である場合にはその関係を証明する書類、申請人が法人である場合には法人登記簿などの書類を添付しなければならない。代理人による申請には委任状の添付を要する。
②憲章第一条第二項の定住期間は、継続して三年間とする。
第三条　申請人はあらかじめ希望する場所を特定して申請することはできない。
第四条　委員会はこれらの申請について、次の各種の土地に関する規定に従って審議し、決定しなければならない。

承認の決定は委員の三分の二以上の賛成を要する。但し、申請に利害関係のある委員は審議・決定に加わることはできない。

①宅地

委員会は、申請人が生活の本拠とするための宅地に限り、家屋の規模や家族構成などを斟酌して、百坪を上限に許可することができる。但し、土地使用貸借契約から二年以内に着工しなければ、委員会は土地の返還を求めなければならない。

②農地

委員会は農業経営の規模などを斟酌して、三千坪を上限に許可することができる。但し、農地を五年以上放棄した者はこれを字に返還しなければならない。

③墓地

委員会は墳墓の規模などを斟酌して、十坪を上限に許可することができる。墳墓の築造が緊急を要し、一坪以下の簡易な墳墓の場合には委員会の許可を要しない。但し、委員会が用地を指定し、字会の事後承認を得なければならない。

④その他事業用地等

申請人が、前①②③以外の用地として利用するときは、委員会は目的や工作物の規模などを斟酌（建坪面積の概ね三倍）して、三百坪を限度として許可することが出来る。但し、公益事業については、この限りではない。

公益事業を次のとおり定めることとする。

（1）公共事業
（2）電力供給
（3）水道・下水道
（4）燃料供給
（5）情報通信

（6）医療・保健・福祉
（7）その他字の公益に関する事業
⑤利用権を付与されている申請人は、事業目的、内容などの変更があったときは、委員会に届け出て承認を得なければならない。
第五条 土地の利用権を付与されている申請人は、その利用地に課される公租公課を負担しなければならない。
第六条 字は土地の公平・公正かつ適切な利用・管理のために、利用地の利用料を徴収することが出来る。
①事業用大規模農地 十円／坪（年間）
②その他事業用地 百円／坪（年間）
第七条 委員会は決定について字会の承認を得るため、区長に字会の招集を要請しなければならない。
①字会は委員会の決定を定足数の三分の二以上の無記名投票による賛成で承認することができる。
②前項の承認を受けた者は、手続費用として金一万円を納付するものとする。
③申請人は委員会および字会で承認されなかった案件について、以後一年間は同一内容の申請を行うことはできない。
④申請人は自ら字会に出席し、必要があれば補足説明を行わなければならない。但し、申請人が老齢または病弱の場合は代理人の出席を認める。
第八条 委員会は字会による承認または不承認について書面で申請人に通知し、申請人との間で土地使用貸借契約書を取り交わさなければならない。
第九条 申請人は事前に所定の書面による工事着手届を提出しなければならない。
第十条 委員会は着手届を受理したら、申請人の立会いのもとで承認された土地を測量して、表示標識を設置しなければならない。
第十一条 申請人は工事が完了したら、所定の書面による工事完了届を提出しなければならない。
第十二条 委員会は完了届を受理したら、使用貸借契約書の違反がないかどうかを確認し、違反があれば取消、原状回復、返還、損害賠償などの適切な制裁を講ずることができる。
第十三条　委員会は次のような文書類と印鑑等を備えなければならない。
①土地憲章、土地利用管理規則、土地利用基本計画
②会議録
③文書受理・発送簿
④申請書綴
⑤決定書控綴
⑥工事の着手届と完了届書類綴
⑦土地使用貸借契約書綴
⑧土地管理委員会文書の閲覧者名簿
⑨土地管理委員会委員長印
⑩受理印
第十四条　憲章第一条に定める字民は、これらの文書を自由に閲覧することができる。

第十五条　この規則は、委員会の提案を受けて、字会で定足数の三分の二以上の賛成をもって改正することができる。

第十六条　委員会は憲章に基づいて審議した結果について責任を問われないようにしなければならない。

附則
この規則は平成十一年八月十四日から施行する。

附則（平成十七年四月一日一部改正）

この規則は平成十七年四月一日から施行する。

（追加規定）この規則の施行前に生じた事項にも適用する。

おわりに─神の島を記録する眼

沖縄本島の「中心」である首里から見て、奄美諸島、宮古諸島、八重山諸島は「周縁《エッジ》」として認識される。しかし、「周縁《エッジ》」に行けば行くほど、物事の基層部分がよく見えてくる。沖縄本島から離れた島々の祭りを見てみると、祖型が色濃く残っている。沖縄本島の「近海離島」である久高島は祭りの形は品位ある形で残っているが、形が徐々に崩れているのも事実である。

民俗学者の谷川健一氏は生前、宮古島によく通っており、『朝日新聞』の記事で次のようなことを述べている。

「民俗学とは神と人間と自然の交渉の学である」

神と自然と人間がどう関わっているのか…、その原点回帰の時空間が宮古島にはあると谷川氏は語っている。実際に谷川氏本人とお会いすると、「私は、沖縄本島より宮古島に来る方がほっとする」と語っていた。宮古島の空気が非常にいい…と噛み締めるように話していた。彼の呼びかけで「宮古島の神と森を守る会」という組織ができ、宮古島の神語りや「ユークイ」や「ウヤガン」といった行事を伝承していく試みが行われている。

二〇一〇年に、筆者は上原孝三氏という民俗学者に連れられて、宮古島の西原《ニシベ》集落の「ユークイ」を記

宮古島西部のユークイ

録することになった。「西原の神人が数名になるから後世のために、記録映像として残してほしい」との依頼で、「ユークイ」の記録撮影をした。

　西原《ニシベ》集落には神秘性や原初的なものが残っていた。それはどういう点かというと、女性たちが潔身潔斎し、御嶽《ウタキ》に一晩中籠る際の雰囲気に残っていたことである。夜籠りでは神々に神謡を捧げるが、何時間も祈りつづけ、歌い続けることが楽しいと「ツカサ」（司）たちは語っていた。一日がかりで拝所を巡りながらも、歩き続けても苦しくないと言う。

　宮古島の西原《ニシベ》集落の「ツカサ」（司）たちは神行事も多く、年間五〇以上ある。母親としての役割や主婦業をこなしながら、神役を続けていくのは非常に厳しいことであろう。担い手となる女性が少なくなってくるのは致し方のないことである。それは久高島も同様であり、また宮古島の他の集落でも同じである。西原の行事では、二〇一〇年、五人いたツカサが三人卒業した。その一人に話を伺うと、祭りの前後にはずっと籠って潔斎し、ストイックな雰囲気で執り行っていたという。

　八重山諸島では来訪神信仰が盛んであるが、外から来たる神に対するもてなしを、きっちりとした手順を踏んで深夜まで行っている。旧盆の時に「アンガマ」が登場することは第一章でも触れたが、「ウシュマイ」と「ンミー」という翁と媼の仮面をかぶって、甲高い声を出しながら八重山語で観衆に呼びかけ、あの世から来た存在として演じられる。旧盆の夜の深まりの中でユーモアを交えながら、この世を生きている人たちと重なっていくという、そういった記憶が祭りの中に凝縮されている。

　一方で宮古島の狩俣や西原、池間島、伊良部島の佐良浜では、祭祀を担う「ツカサ」（司）は減少し、担い手がいないことによって途絶えている現状があった。シマの精神的伝統を守るという観点から、神役の「ツカサ」だけでなく、島人を主体とした自治会が一体となって継承する方法を考えるべき時に来ている。祭祀を担う「ツカサ」が誕生せずに途絶えているところが多々あるのである。

では、どのようにすれば祭祀を復活させていくことができるのか。

豊作祈願で続けてきたものを一部省いて、現代の生活にあった行事に変えていくこともできようが、神事という性質だからこそ難しい側面もあろう。沖縄本島神事では男性の区長や公民館長がほとんどの段取りを行っており、女性の神役は「ニガイ」(御願い)をするだけで負担を減らし、先祖伝来の伝統祭祀に敬意を示して行っている集落もある。

宮古諸島の多くの集落でも、祭祀の後継者が途絶えることで消失しつつある現状について考え、どのようにして継続を図るかを悩んでいた。一九五〇年代の高度経済成長期に地域にあった祭祀が次第に消えていった歴史があり、「今はそれを再生する時代に入ったのだと考える」と公言する研究者もいる。

狩俣の神役「アブンマ」と西原の神役「アーグスンマ」を経験した女性たちが、神女になった経緯を話してくれたが、伝統祭祀を守るためには霊性を持った後継者を絶やさないことの重要性を訴えていた。祭祀の再生には神を感じる人抜きには考えられないが、集落内部から上手く再生していくことが大切であり、むろん神役の「ツカサ」(司)の力も重要であるが、地元のシャーマンである「カンカカリャ」の霊性は無視できない。

しかし古宇利島のように、区長が代理で一部の祭祀を執り行うという

宮古島の神と森を考える会のシンポジウム

例もあり、各々のシマ共同体にあった継続の形を模索する必要がある。年間五〇近くもある祭祀を絞り込んで継続するものを決め、極端に霊性重視に走らず、コミュニティの全員が積極的に参加でき支援する祭祀の在り方を検討する必要があろう。

最後に、久高島を原点として、「神の島の死生学」という本書を綴った動機に話を戻したい。この島は、人口は二〇〇〇年代前半に公証していた約三〇〇人から下がり、旧正月や八月マティ、久高島大運動会などの島を挙げた行事以外の日では二〇〇人もいない。

古代からの祭祀文化が残るからこそ、「神の島」と呼ばれてきた。しかし、島の女性が神女になる〈イザイホー〉は、後継者不足で一九七八年を最後に途絶えている。神女たちは〈イザイホー〉が行えないことに対して、神々へのおわびを懸命にしていた。「わび御願《ウガン》」は、女たちの悲痛な叫びでもあった。

祭祀だけでなく、木造漁船・サバニが廃船となり燃やされるという試練もあった。役割を終えた古いサバニ（小舟）が、海人《ウミンチュ》の見守るなかで、クレーンで無造作に積み上げられて燃やされていく。サバニの葬送は、男たちの悲哀な眼差しの中で行われた。また、手づかみを原則としていたイラブー（海蛇）漁も一時低迷した。つられるように、イラブー漁の権利を有していた村頭の「ハッシャ」もなり手がいなくなった。ついには二〇〇三年、漁撈祭祀の神役「ソールイガナシー」も後継者も途絶えた。

久高の島人たちは、このような悪しき連鎖が断ち切れず、窒息しそうな勢いで潮流に飲みこまれていた。怒涛にさらされる島人たちは、久高島という場所で生き続けるすべを必死に模索していた。

古いサバニが燃やされる様子

そのような逆境の中でも、植物再生の取り組み、「ハッシャ」と呼ばれる村頭の復活など、島の人々が再生の糸口をつかんでいった。

写真家の比嘉康雄氏が『神々の古層5　主婦が神になる刻　イザイホー〔久高島〕』を出版したのが、一九九〇年の午年のことである。神女が誕生する祭祀〈イザイホー〉が、久高島で一二年ぶりに行われるかもしれない…という時期であった。この本は一二巻シリーズの第五巻にあたり、琉球弧の祭祀を追い続けてきた比嘉康雄氏の、三〇年にわたる集大成の連作でもある。二〇〇〇年に比嘉氏が亡くなり、一〇年後の節目に、沖縄県立博物館・美術館で「母たちの神―比嘉康雄展」が開催された。膨大な写真群がリプリントされ、一堂に展示された。筆者も実行委員会の末席に加えていただいたが、この『神々の古層』シリーズを核としたからこそ、この企画展が強度をもったと考えている。

写真集の中にある〈イザイホー〉の踊りの渦を見るたびに、神女たちが人々の欲望の渦を背負わされている感じがするのは、筆者だけであろうか。多くの写真家や映像作家、研究者、マスコミ関係者たちは、心の深部をこの島に魅せられてしまっている。みな心の渦を持ち、古代に思いを馳せ、キャメラを回したり、言葉を紡ぐ。それだけ、琉球人の魂の象徴たる島に魔力があると言えよう。

筆者自身も記録映画の撮影、本書や前著作の執筆において、この島の魔力に囚われた経験がある。しかし結果としてキャメラを捨て、〈島の記憶は島の人が記録すべき〉という境地にたどり着いた。この一〇年で、〈沖縄の記憶は沖縄の人々が記録すべき〉という流れが強く出てきたこともあった。島々の祭祀や儀礼のことを、他者がどうこう言うべき

久高島出身の若手監督の撮影風景

でないし、安易に言葉を外部に発して、祈りを乱すことは許されない。

久高島においてキャメラを捨てた人間であるが、今年の〈イザイホー〉の前日に島に渡った。もちろん祭祀はやらない。本来なら旧暦一一月一五日が初日で、二〇一五年は一月五日がその日にあたる。その日の明け方まで、久高島出身の外間光《ほかまひかる》監督と島への想いを語り合った。

「須藤くん、ぼくはこの一〇年の祭りを光と影の運動体として、時間にしたいんだよ。霊的な存在と生きている存在が入り乱れ、気がついたら無になっている。誰もいない〈遊庭《アシビナー》〉だけが残っているんだ。〈空《くう》〉に還っていく感じかなぁ…」（この構想は「イザイホーの残照」として映像作品になり、本書の付録ＤＶＤに収録した）

さすが神の島の血筋か、彼の言葉の奥にひそむ何かに、言い知れぬ畏れをいだいた。彼は先祖と同じく、久高島から台湾、そしてアジアへとつながる血の流れを漂泊し、比嘉康雄氏の魂を受け継いでいるように感じた。なぜか、一緒に漂流する自分がいた。

一方で『久高オデッセイ』で知られる映画監督の大重潤一郎氏は、久高島の記録を一二年間かけて撮影し三部作を完成させ、二〇一五年七月に異界へと旅立っていった。久高島の前には、八重山諸島の新城島《あらぐすく》を舞台とした二部作『光りの島』『風の島』を撮影している。聖なる島々を記録する眼は、フィルムに何を捉えたのであろうか。

島に住み込んで撮影をするという方法は、大重潤一郎氏が崇拝する監督ロバート・フラハティが実践した手法でもあった。一九八三年に、大重は八重山の新城島を舞台に撮影を始めた。沖縄復帰の一九七三年に、初めて沖縄の地に足を踏み入れたものの、沖縄を舞台にした映画に着手したのは、その一〇年後であった。沖縄という〈トポス〉（約束の地）に恋い焦がれ、胸の内に温め続けてきた企画が『ＰＡＮＡＲＩ』

というタイトルの映画であった。この制作構想は、那覇市の制作会社「コンセプト１」と共同で進めることとなり、『光りの島』『風の島』の二部作へと形を変える。

　これらの映画制作の始まりは、大重氏にとって、沖縄の自然と文化を撮影する出発点を意味した。新城島という孤島に滞在しながら映画制作を進めるものの、三年目にして島の開発計画のために、途中で撮影が打ち切られるという事態に追い込まれた。さらに編集作業も一時頓挫し、フィルムの完成までには難航を極め、一三年という長い月日を要した。

　一九九五年、未曾有の犠牲者を出した「阪神淡路大震災」に遭遇し、その惨状を目の当たりにし、身をもって体験した。そこで得た経験から、自然に対する畏敬の念が益々深まり、映画作りへの意欲を燃やすこととなる。その直後、『ＰＡＮＡＲＩ』の制作で頓挫していた編集作業を進めた。ついに一九九五年の末には完成し、自然と人間のかかわりを描いた沖縄二部作、『光りの島』『風の島』として全国上映されることとなった。これらの作品は、自然の気配を写しこむ映画監督、すなわち「気配の魔術師」として評される切掛けとなったフィルムであり、大重氏の映像手法が凝縮されていると言える。

　大重作品は、沖縄の自然をテーマとした『光りの島』『風の島』を皮切りに、自然の中における人間の立ち位置を、常に自然の側から問いかける作品を作り続けることになった。特に海の民が、どのように「パナリ」（離れ島）と呼ばれる島々に住み着き、いかに自然を神と崇め、海と島に生きてきたのかを描こうとした。

　秘祭〈アカマタ・クロマタ〉の島として知られる新城島、神女の祭祀〈イザイホー〉が行われてきた久高島…

風土臨床で死を受容した
大重潤一郎監督（右）

…。記録された映画からは、聖なる島々の世界観《コスモロジー》が感じられるはずである。

午年の〈イザイホー〉の日は、旧暦二〇一四年一一月一五日（新暦二〇一五年一月五日）に、一二年目の祭日として巡ってきた。今はなき、〈イザイホー〉の初日にあたる日の午後、久高殿の神アシャギの中で、若い神人が祈りを捧げていた。静かながらも、〈イザイホー〉の「ティルル」（神謡）の旋律が謳われていた。地下水脈からにじみ出てくるような歌声であったという。その日、大重潤一郎氏は、イシキ浜に朽ちた老木に新芽が生えているのを見て、祭りは途絶えているが祭りの命は息づいている…と感じた。

祭りは人間が生きている限り行われる。生きていることの証が祭りである。やがて違った形で復活するであろう。大重潤一郎氏は、一二年間待っていた島の姿を確認し、「この島こそが楽園ニライカナイ」であると悟ったのである。彼自身の死の直前の体験であった。そして次のように遺言をしている。

……東の海の向こうには、ニライカナイがあると言われている。しかし、この島こそが、この地上こそが、楽園ニライカナイではないか、と思えてくる。

地球の七割が海である。陸地が海によって、繋がっている。海に育まれている久高島は、姿を変えながらも、脈々と命を繋いでいたのを実感した……

本書では「神の島」の他界観と、よりよく生きるための祭りと、よりよく死ぬための弔いの儀式が残る離島を事例とし、生や死を受容する過程、他界観や死生観について触れ、人々が生と死をどのように捉えてきたのかを記してきた。大重氏自身も、久高島において死生のあり様を受け入れ、「神の島」の風土から死後のイメージを臨床体験として捉えることができたのである。既成宗教によらないスピリチュアルケアが、「風土臨床」によって成立した事例ともいえよう。

「風土臨床」という視点では、太陽があり、海と大地があるという大前提のもとに風土を捉え、人々が季節風と海流に寄り添い、男たち、女たち、子どもたちは共に寄り合いながら生きていることを体験していく。結果として、日々の営みと祈りは、地下水脈のように続いている…ということに気がつく。そういう見方をより多くの人々と共有することで、「神の島」と、島人の命の再生が始まっていくのかもしれない。

最後に、二〇一五年七月二二日に死出の旅路へと旅立ち、私の映画の師匠でもあった大重潤一郎氏の詩で締めくくりたい。それは、渚で生命（いのち）を見つめるものであった。

岬の突端に立って　わたしは見た
いのちあるものの姿を　いのちあるもののかたちを
いのちあるものの輝きを　いのちあるもののつながりを
わたしは見た
岬の突端に立って　久高のいのちをわたしは見た
いのちの今を　わたしは見た

島人たちは時には厳しく、時には優しい自然環境の運命を受け入れて、神々と祖霊を厚く信じ、命が尽きると大地や海へと帰ってゆく。母なる海や恵みの岩礁「イノー」を見つめる海辺からは、いのちあるものの姿を感じられるのである。

亡くなった者への想いは、いのちを見つめ直すことから始まる。

二〇一九年四月一七日、九二歳で急逝した祖母に本書を捧げたい。

筆者が宗教哲学・死生学という道に導かれたきっかけは、祖母の須藤須寿子の熱心な神道への信仰と、日々、観音経を唱えて先祖を想う姿であった。二〇一八年四月二九日の満月の日に、筆者はスリランカで出家し、上座部仏教僧として歩み始めたのは彼女の導きであると思っている。

確かに師や祖母は、いなくなった。しかし、私自身の中で生きている。そう思えたのは、末金典子氏からメッセージを頂いたからであった。彼女は那覇の「麗王《れお》」という店の女将であり、自身の母への喪失感を次のように表現してくれた。

……確かに、母はいなくなりました。でも思い返している私自身の中で生きているではありませんか。しかも漠然と思い出しているのではなく、ある日私と語り合った時の表情や語り口、沖縄に遊びに来てくれた時に一緒に見た海の美しさに感動した母がつぶやいた時の様子など、瞬間瞬間の情景が数限りなく生き生きと甦ってきます。

そういうかたちで母は私の心の中で生きているのだと、心の底から実感できたのです。それこそが、「瞬間の永遠性」(柳田邦男の言葉)と言うべきでしょう。…中略…自分は母の魂を容れた器であり、自分は母の喜びや悲しみや苦悩の瞬間瞬間を消すことなく灯し続ける聖火台のような存在なのだと気づいた時、私の心の中には、どんなに悲しくつらいことがあっても、それらを受容し、自分の人生を肯定的に考えて生きるのだという意識が生まれていたのです。

愛する者との魂のつながりというものは、おそらくそういう自覚によって揺るぎないものになるのだと思います……

スピリチュアルな感覚を大切にする気風は、琉球弧の島々に生きる人々に残っていると思わせるメッセージであった。ふと、ある人に「自分が死んだら、この海に一握りの骨を撒いてほしい」と頼んだのを思い出した。島の風土と人の記憶に溶け込み、母なる海へと還っていくために…。

送り火に天の河原は煌めいて
　　嘯く影は涙に消えゆく

二〇一九年五月二六日　祖母の納骨の日に筆を置く

〈追記〉　芙蓉書房出版の平澤公裕氏の尽力と忍耐に感謝したい。幾度も断筆しかけた筆者に是を吹き込んでいただいた。また、第二校では森本キリ子氏、第四校では末金典子氏、樋口耕太郎氏に御尽力をいただいた。随筆文と論文の中間をめざし、読者の視点を与えていただけたことを嬉しく思う。さらに、本研究に行き詰まっていた最中、沖縄本島北部の旧盆と宮古島のシャーマンの調査に協力していただいた三島わかな氏に御礼を申しあげたい。そして、本書のために魂を込めてタイトル文字を書いてくれた仲宗根麻紀氏に敬意を表したい。

筆者が散骨を望む島

# 参考文献

## ◎序章　神の島のコスモロジー

谷川健一「追憶の風景　宮古島（沖縄県）」朝日新聞、二〇一〇年一〇月一九日

## ◎第一章　琉球弧の祭祀・儀礼

赤嶺政信「沖縄の霊魂観と他界観」渡辺欣雄編『祖先祭祀』凱風社、一九八九年
伊東幹治「稲作儀礼の類型的研究（1）」、『国学院大学日本文化研究所紀要』一〇、一九六二年
伊東幹治「稲作儀礼の類型的研究（2）」、『国学院大学日本文化研究所紀要』一二、一九六三年
伊東幹治『沖縄の宗教人類学』弘文堂、一九八〇年
伊波普猷「南島の稲作行事について」『沖縄文化叢書　第二巻』平凡社、一九七一年
岡正雄「異人その他」『異人その他』言叢社、一九七九年
岡正雄「日本文化の基礎構造」『異人その他』言叢社、一九七九年
小野重明「海と山の原郷―南東文化二元論」、谷川建一編『叢書わが沖縄6・沖縄の思想』木耳社、一九七〇年
小野重朗『神々の原郷―南島の基層文化』法政大学出版局、一九七七年
小野重朗「正月と旧盆」『日本民俗文化体系9』小学館、一九八四年
折口信夫「翁の発生」『折口信夫全集　2巻』中央公論社、一九七五年
笠井政治・石井昭彦「旅神の祭祀―沖縄・渡名喜島のシマノーシ祭素描」『横浜国立大学人文紀要』横浜国立大学教育学部編、一九八六年
鎌田久子「水納島の年中行事」『沖縄文化論叢　2巻』平凡社、一九四九年
鎌田久子「『琉球国由来記』にあらわれた農耕儀礼の諸相」、にいなめ研究会編『稲と祭儀』協同出版、一九六七年

北村皆雄「秘儀を撮る・撮らない」北村皆雄ほか編著『見る、撮る、魅せるアジア・アフリカ！』新宿書房、二〇〇六年
島袋源七『山原の土俗』郷土研究社、一九二九年
住谷一彦、J・クライナー『南東諸島の神観念』未来社、一九七七年
仲松弥秀『古層の村』沖縄タイムス社、一九七七年
仲松弥秀「渡名喜村落の形成」『渡名喜島の遺跡Ⅰ』渡名喜村教育委員会、一九七九年
比嘉政夫『沖縄民俗学の方法―民間の祭りと村落構造』神泉社、一九八二年
樋口淳「謝名城村採訪ノート」『現文研』第六三号、専修大学現代文化研究会、一九八五年
古川純「沖縄・八重山における民衆の宗教・民俗意識と共同体論」専修大学社会科学研究所、二〇〇九年
本田安次『沖縄の祭りと芸能』第一書房、一九九一年
宮良高弘「仮面仮装の習俗」『季刊　自然と文化』観光資源保護財団、一九八九年
村武精一『祭祀空間の構造―社会人類学ノート』東京大学出版会、一九八四年

## ◎第二章　久高島の祭祀・儀礼

伊波普猷「ヲナリ神」『ヲナリ神の島（1）』平凡社、一九七三年（初版一九二七年）
植松明石「オナリ神」、『沖縄大百科事典』沖縄タイムス社、一九八三年
小川克巳・川上幸子『神の島　久高島―年中行事とイザイホー』汐文社、一九九三年
長田須磨「奄美大島における葬礼及び洗骨」、大藤時彦・小川徹編『沖縄文化論叢　第2巻　民俗編1』平凡社、一九七一年（初版一九五五年）
鏡谷明子『インドネシアの魔女』学生社、一九九六年
小島瓔禮『日本の神話　国生み・神生みの物語』筑摩書房、一九八三年
波平恵美子「民俗としての性」網野善彦ほか編『日本民俗文化大系10　家と女性』小学館、一九八五年
成定洋子「「オナリ神信仰」再考―フェミニスト人類学的視点から」、大阪大学大学院文学研究科日本学研究室編『日

本学報』一九、二〇〇〇年
波照間永吉「小浜島の種子取り祭りの儀礼と歌謡」沖縄国際大学南島文化研究所編『八重山、竹富町報告書』一、一九九九年
比嘉政夫『女性優位と男系原理』凱風社、一九八七年
比嘉康雄写真・谷川健一文『神々の島―沖縄久高島のまつり』平凡社、一九七九年
比嘉康雄『琉球弧　女たちの祭』朝日新聞社、一九八〇年
比嘉康雄『神々の古層1　女が男を守るクニ　久高島の年中行事Ⅰ』ニライ社、一九八九年
比嘉康雄『神々の古層2　女が男を守るクニ　久高島の年中行事Ⅱ』ニライ社、一九九〇年
比嘉康雄『神々の古層5　主婦が神になる刻　イザイホー』ニライ社、一九九〇年
比嘉康雄『神々の原郷　久高島　上下巻』第一書房、一九九三年
比嘉康雄『日本人の魂の原郷　沖縄久高島』集英社新書、二〇〇〇年
堀場清子『イナグヤナナバチ―沖縄女性史を探る』ドメス出版、一九九〇年
馬淵東一『馬渕東一著作集3』社会思想社、一七七四年
馬淵東一「沖縄先島のオナリ神（一）」、『馬淵東一著作集　第3巻』社会思想社、一九八八年（初版一九五五年）
村武精一「南部琉球における象徴的二元論再考」、『環中国海の民俗と文化　二』、凱風社、一九九一年
吉成直樹「琉球列島における「女性の霊的優位」の文化史的位置」、『沖縄文化研究』二七、法政大学沖縄文化研究所、二〇〇一年
吉成直樹『琉球民俗の底流　古歌謡は何を語るか』古今書院、二〇〇三年
琉球新報社編『トートーメ考　女が継いでなぜ悪い』琉球新報社、一九八〇年

## ◎第三章　粟国島の祭祀・儀礼

安里進、田名真之、豊見山和行、真栄平房昭、西里喜行、高良倉吉共著『沖縄県の歴史』山川出版社、二〇〇四年
新垣智子「沖縄の柴差行事―その変遷に関する一考察」『常民文化』一五、一九九二年

浦崎春雄『粟国村年中行事―その歴史と由来』自家版、一九八〇年
大城逸朗「琉球弧の地質学」、谷川健一編『琉球弧の世界』小学館、一九九二年
大林太良『葬制の起源』中公文庫、一九九七年
沖縄心理学会『沖縄の人と心』九州大学出版会、一九九四年
島袋源七『山原の土俗』沖縄郷土文化研究会、一九七〇年
下野敏見『ヤマト文化と琉球文化』ＰＨＰ研究所、一九八六年
谷川健一『魔の系譜』講談社学術文庫、一九八四年
谷口治達『西日本民俗博物誌〈下〉』西日本新聞社、一九七八年
波平恵美子『暮らしの中の文化人類学 平成版』出窓社、一九九九年
宮城栄昌『琉球の歴史』吉川弘文館、一九七七年
『日本民俗学大系 八』平凡社、一九七六年
「琉球国由来記」『琉球史料叢書』東京美術、一九七二年

## ◎第四章　古宇利島の祭祀・儀礼

伊東幹治『沖縄の宗教人類学』弘文堂、一九八〇年
沖縄県立博物館編『沖縄県立博物館総合調査報告書 古宇利島 Ⅷ 古宇利島』沖縄県立博物館、一九九一年
沖縄県今帰仁村歴史文化センター編『なきじん研究 新城徳祐資料 調査研究ノート Vol.10』今帰仁村教育委員会・今帰仁村歴史文化センター、二〇〇一年
古宇利誌編集委員会編『古宇利誌』今帰仁村農村環境改善サブセンター、二〇〇六年
東京都立大学社会人類学会編『社会人類学年報 Vol.4』弘文堂、一九七八年
東京都立大学社会人類学会編『社会人類学年報 Vol.5』弘文堂、一九七九年
今帰仁村歴史文化センター編『なきじん研究 古宇利島の祭祀の調査・研究 Vol.17』今帰仁村教育委員会・今帰仁村歴史文化センター、二〇一〇年

今帰仁村教育委員会編『今帰仁村の民話・伝承　資料編（上）』今帰仁村教育委員会、二〇一二年
今帰仁村教育委員会編『今帰仁村の民話・伝承　資料編（下）』今帰仁村教育委員会、二〇一二年
萩原秀三郎編『祭りと芸能の旅　九州　沖縄　6』ぎょうせい、一九七八年
宮城真治『宮城真治執筆資料（複製資料）民俗12』沖縄県立図書館（製作）、二〇一六年
柳田国男『柳田国男全集　9　信州随筆』筑摩書房、一九九八年

## ◎第五章　神の島の生と死

内堀基光・山下晋司『死の人類学』弘文堂、一九八六年
内山大介「先史時代の葬送と供儀—焼骨出土例の検討から—」、『信濃（第三次）』九号、二〇〇五年
宇屋貴「与論島葬祭研究２００４」『葬祭研究所論文集』公益社葬祭研究所、二〇〇五年
大林太良『邪馬台国』中央公論社、一九七七年
折口信夫「続琉球神道記」、島袋源七編著『山原の土俗』郷土研究社、一九二九年
河村只雄『南方文化の探究』講談社、一九九九年（初版一九三九年）
合田涛「一系家族は存在するか？　イフガオ族における洗骨習俗」、『国際文化学研究』神戸大学国際文化学部紀要一号、一九九四年
国分直一「シナ海諸地域の複葬」、『環シナ海民族文化考』慶友社、一九七六年
国立歴史民俗博物館編『葬儀と墓の現在』吉川弘文館、二〇〇二年
蔡文高『洗骨　改葬の比較民俗学的研究』岩田書院、二〇〇四年
蔡文高「日中洗骨改葬の比較研究—沖縄と福建省西部の場合」、『国立歴史民族学博物館研究報告　九一集』国立歴史民族学博物館、二〇〇一年
斎藤忠「葬送儀礼」、『現代のエスプリ』至文堂、一九七六年
佐喜眞興英『女人政治考』岡書院、一九二六年
酒井卯作『琉球列島における死霊祭祀の構造』第一書房、一九八七年

参考文献

佐久田繁『沖縄の葬式』月刊沖縄社、一九九五年
大琉球写真帖編集委員会『大琉球写真帖』大琉球写真帖刊行委員会、一九九〇年
藤堂明保監修『倭人伝』学習研究社、一九八五年
仲宗根幸市「沖縄今帰仁村湧川の葬送儀礼」、『南東研究』二六、一九八六年
名嘉真宜勝『沖縄の人生儀礼と墓』沖縄文化社、一九九九年
仲松弥秀『神と村』梟、一九九〇年
比嘉康雄『神々の原郷　久高島　下巻』第一書房、一九九三年
平敷慶宏『琉球王朝と海外交易国家としての繁栄』海邦経営研究所、二〇〇一年
三浦国雄共編「環中国海の民俗と文化　4」、『風水論集』凱風社 一九九四年
宮城定盛『国頭村安田の「シヌグ考」』私家版、一九七六年
宮本演彦「沖縄国頭のシヌグ祭」、馬渕東一ほか編『沖縄文化論叢3』平凡社、一九七一年
森浩一編「墓地」、『日本古代文化の探求』社会思想社、一九七五年
渡辺欣雄『風水思想と東アジア』人文書院、一九九〇年
渡辺欣雄『漢民族の宗教―社会人類学的研究』第一書房、一九九一年
渡辺欣雄『世界のなかの沖縄文化』沖縄タイムス社、一九九三年
渡辺欣雄『沖縄文化の拡がりと変貌』榕樹書林、二〇〇二年
A・ファン・ヘネップ『通過儀礼』人類学ゼミナール、弘文堂、一九七七年
ロバート・エルツ『右手の優越』筑摩書房、二〇〇一年
『沖縄の葬制に関する総合調査報告書』沖縄県、二〇一二年
『郷土のくらしと文化―図説―上巻』新星図書出版、一九八〇年
「複葬」『文化人類学文献事典』弘文堂、二〇〇四年
「「死」特集号」、『現代思想』第四巻一一号、一九七六年

◎終章　神の島・霊の島
秋道智彌編『自然はだれのものか　「コモンズの悲劇」を超えて』昭和堂、一九九九年
安良城盛昭「渡名喜島の「地割制」」、『渡名喜村史　下巻』渡名喜村、一九七七年
安良城盛昭『新・琉球史論』沖縄タイムス社、一九八〇年
宇沢弘文『経済学は人びとを幸福にできるか』東洋経済新報社、二〇一三年
梅木哲人「近世農村の成立」『新琉球史　近世編（上）』琉球新報社、一九八九年
桜井由躬雄『ベトナム村落の形成―村落共有田＝コンディエン制の史的展開』創文社、一九八七年
佐治靖「離島・農村社会の在地リスク回避―宮城島における伝統的土地所有形態の分析」、松井健編『沖縄列島―シマの自然と伝統のゆくえ』東京大学出版会、二〇〇四年
菅豊『川は誰のものか―人と環境の民俗学』吉川弘文館、二〇〇六年
高良倉吉『琉球王国の構造』吉川弘文館、一九八七年
田里修「琉球の土地制度と社寺地」『沖縄大学紀要第7号』沖縄大学法経学部、一九九〇年
田村浩『琉球共産村落の研究』至言社、一九七七年（初版：岡書院、一九二七年）
中根千枝「南西諸島の社会組織　序論」、『民族学研究』第二七巻第一号、民族学協会、一九六二年
仲吉朝助「琉球の地割制度（3）」、『史学雑誌』第三九巻第八号、史学会、一九二八年
比嘉政夫『女性優位と男性原理―沖縄の民俗社会構造』凱風社、一九八七年
三俣学・菅豊・井上真編著『ローカルコモンズの可能性・自治と環境の新たな関係』ミネルヴァ書房、二〇一〇年
宮本憲一『公共政策のすすめ―現代的公共性とは何か』有斐閣、一九九八年
山本弘文「近世沖縄史の諸問題」、新里恵二編『沖縄文化論叢　第1巻』平凡社、一九七二年

著　者
**須藤 義人**（すどう よしひと）
1976年神奈川県横浜生まれ。2000年早稲田大学社会科学部卒業（比較基層文化論）、2007年沖縄県立芸術大学大学院博士課程単位取得退学（芸術文化学）。現在、映像民俗学者（沖縄大学人文学部こども文化学科准教授）、映画助監督（元 NPO 法人沖縄映像文化研究所理事）、宗教実践者（スリランカ上座部仏教僧）。
著書に、『久高オデッセイ』（晃洋書房、2011年）、『マレビト芸能の発生—琉球と熊野を結ぶ神々』（芙蓉書房出版、2011年）、『共生と循環のコスモロジー——日本・アジア・ケルトの基層文化への旅』（共著、池田雅之編、成文堂、2005年）、映像作品（助監督）に、「久高オデッセイ　第一部」（NPO 法人沖縄映像文化研究所・文化庁助成、2006年）、「フェーヌシマのきた道」（沖縄大学映像民俗学研究フォーラム・ポーラ伝統文化振興財団、2007年）、「古宇利島・神々の祭り」（今帰仁村教育委員会・地域創造助成、2010年）、「久高オデッセイ　第二部・生章」（NPO 法人沖縄映像文化研究所・文化庁助成、2011年）などがある。
第四回「猿田彦大神と未来の精神文化」研究助成一席（2001年）、第六回「司馬遼太郎フェローシップ」（2003年）を受賞。

付録DVD『イザイホーの残照』（2014年度制作・65分）
監督／外間光　監修・企画／須藤義人　制作／沖縄県南城市

神《かみ》の島《しま》の死生学《しせいがく》
—琉球弧の島人たちの民俗誌—

2019年 8月30日　第１刷発行

著　者
須藤《すどう》 義人《よしひと》

発行所
㈱芙蓉書房出版
（代表 平澤公裕）
〒113-0033東京都文京区本郷3-3-13
TEL 03-3813-4466　FAX 03-3813-4615
http://www.fuyoshobo.co.jp

印刷・製本／モリモト印刷


ISBN978-4-8295-0767-4